大事なものから捨てなさい

メイコ流　笑って死ぬための33のヒント

中村メイコ

講談社

はじめに

「ごめんなさい、ごめんなさい。でも、『お別れ時』が来たの」

古いキューピー人形を抱きながら、私は何度も言い訳を繰り返した。今からこの人形を捨てるのだと思うと、胸が張り裂けそうだった。

他人から見れば、ただの子どものおもちゃかもしれない。しかし私にとって、これは大切な「宝物」なのだ。

このキューピー人形を下さったのは、昭和の喜劇スター「エノケン」こと、榎本健一さんだった。二歳八ヵ月での芸能界デビューということになった私には、同世代の友達がほとんどいなかった。代わりに相手をして下さったのは、エノケンさんや古川ロッパさん、徳川夢《む》声《せい》さんといった昭和の大スターである。彼らは、子どもなりに頑張っている私に、さまざまなおもちゃを下さったのだ。

「今までありがとう。大好きだったよ」

そう言って人形の頭を優しくなでていると、ぽろぽろ涙がこぼれてきた。戦時中、奈良に疎開していたときも、この人形たちを肌身離さず持っていた。

キューピー人形に詰まっているのは、幼き日の思い出だけではない。

何が何やら分からないまま仕事を続けているうちに、女優の仲間入りをして「少女スター」と呼ばれるようになった。プライベートでは二十三歳で夫と結婚、女の子二人と男の子一人を育てる母親にもなった。その間、何度も引っ越しをして、家も建てたが、セルロイド製のキューピー人形はずっとそばで、私のことを見守り続けてくれた。

しかし八十歳のとき、その「守り神」を捨てることにした。

きっかけは、マンションへの引っ越しだった。それまで住んでいた自宅は、敷地三百坪の地上二階、地下一階という体育館のような豪邸だったが、この先の人生を考えて、こぢんまりした住まいに移ることに決めた。

ただ、そのためには大量にものを捨てなければならない。人間八十年も生きていれば、ものも思い出もたまって当然だ。我が家の場合、それがたまりすぎていた。膨大な量の洋服や仕事でもらった台本や写真、作曲家である夫が使う大量の楽器、さらには来客用の食器やワイン……。

いったいどこから手をつけようか——。

これまでだって、年末には必ず大掃除をしてきたし、たびたび「ものを捨てよう」と思って行動には移してきた。しかし買い物が大好きな私は、捨てた分だけ新しい洋服や靴を買ってしまう。その場しのぎで家中のものをなんとか減らして新居に移ることができたとしても、またものだらけにしてしまうのは確実だ。

「このまま死んだら、子どもたちに迷惑がかかってしまう」

いよいよ決断のときが来たと思った。「ものをため込み、ものに囲まれる生き方」をばっさりやめるのだ。

だから、最も捨てにくいものから捨てることにした。自分にとって大事なものでも、残された子どもには処分に困るような「宝物」から減らし始めたのだ。

キューピー人形だけではない。昭和のスターたちからもらったおもちゃはたくさんあったが、すべて捨てた。女優生活でたまりにたまった記念品や、自分が出演した番組のビデオも残らず手放した。

私がやったのは、いわゆる「断捨離」とは少し違う。そもそも私は、この言葉が持つ暗さが好きにはなれなかった。

そこで考えたのが「お別れ時」という言葉だ。どれだけ大事にしているものでも、いつか必ずお別れしなければならないときが来る。宝物をあの世に持っていくことはできないのだから。

大事なものを手放すのは、もちろんつらいことでもある。古い写真を捨てるときなど、まるで思い出そのものを捨てている気分になり、心臓のところがキュンと痛んだ。

だが、この作業を続けるうちに、気づいた。

ものがなくたって、思い出が消え去るわけではないのだ。「お別れ時」が来てしまうのは仕方のないこと。「ごめんね」「ありがとう」と一つ一つに声をかけながら、お別れをした。

いちばん大事なものを真っ先に手放した効果は絶大だった。「これはあの番組に出たときに着た衣装だわ」とか、「この食器は子どもが気に入っていたなあ」といったように、どんな小さなものでも記憶が染みついている。でも、「エノケンさんのキューピー人形を捨てられたんだから」と思えば、たいていのものは躊躇《ちゅうちょ》せずに手放すことができたのだ。大量にあった洋服や靴、食器など、人にあげられるものはさし上げ、それ以外はゴミに出した。捨てたものの量は、なんとトラック七台分にもなった！

「ああ、これでいつでも死ねる――」

ガランとした部屋に立って、思った。この清々しさ、気持ちのよさは、片付けを頑張った私に神様がくれたいちばんのプレゼントだ。

当初は子どもに迷惑をかけまいと思って始めた片付けだったが、効果はそれだけではなかった。

ものにとらわれる人生をやめたことで、人生がぐっと身軽になったのだ。そもそも年老いた心に、たくさんの思い出を詰め込んで生きることはできない。過去にすがりつく気持ちを断ち切って初めて、前に進める。

令和元年、八十五歳のときに、私は転んで股関節を骨折した。手術後は前のようにちゃかちゃか動くこともできなくなり、気分も落ち込んだ。

だが、こう思いなおすことにした。

「怪我をすると、夫もまわりの人も優しくしてくれる。だからむしろラッキーだ」

昔の私なら「好き勝手に動き回れない人生なんて！」と嘆いていたことだろう。健康そのものだった昔と比べて今の自分を残念に思い、沈み込んでいたかもしれない。でも、ものとの「お別れ時」があるように、健康な身体を諦めなければならないときだって来る。今の自分には、それがよく分かっている。

「怪我をしたらハイヒールを履けない」という不安も頭をよぎったが、全部捨てたから心配無用。かわいいスニーカーを履いて、一歩ずつ地面を踏みしめながら歩く。そのほうが、八十過ぎのおばあちゃんにはお似合いだ。

新型コロナウイルスの感染拡大で、世の中は大きく変わった。外出は制限され、大好きだったデパートでの買い物ができない。人と会う機会が減り、大勢で集まって楽しく過ごすこともできない。

それでも私は「仕方ない」と受け止める。むしろ「みんなが消毒をするようになって衛生的になったわね」と、いい面だけを見たほうがいい。

九十歳も間近に迫り、身体が思いどおりに動かない日も増えてきた。気分がすぐれない日だってある。

だけど私は喜劇役者だ。世の中が変わったって、大事なものを手放したって、

「今度はこんな役なのね」とまずは演じてみる。

そして最後は、すっきり笑って死んでいく。ただそれだけだ。

こんなメイコさんの八十七歳の日々が、皆さんの参考になれば幸いです。

『大事なものから捨てなさい　メイコ流　笑って死ぬための33のヒント』目次

第1部　ものを捨てたら、身軽な暮らしが待っていた

第2部　頑張らない、我慢しない、気楽に日々を送るコツ

第3部　大切な家族とも、距離をとって生きる

第4部 「老いの常識」にとらわれず、自由に死んでいく

エノケンがくれた
リアルなキューピー人形

当時、助監督だった黒澤明も、
メイコの遊び相手だった

第1部

ものを捨てたら、身軽な暮らしが待っていた

ヒント 1

未練をハサミで断ち切る「別れの儀式」をしよう

こんな貴重なものを捨てていいのだろうか……。

一枚の写真を手に、私は迷っていた。真ん中に写っているのは、高倉健さんと江利チエミちゃん。昭和三十四年に二人が結婚したときにもらった写真だ。

私が作詞、夫の神津《こうづ》さんが作曲で、チエミちゃんに『新妻に捧げる歌』を作ってあげたこともあるほど、私たち夫婦とチエミちゃんは大の仲良しだった。健さんとも私は何度かパーティなどで御一緒して、そのたびに「いい男だなあ」と憧れたものだ。健さんとチエミちゃんが恋仲になってからは、カモフラージュのために私と夫の二人が横浜のナイトクラブに呼び出され、一緒に飲んだこともあった。

大事なものから捨てましょう、と冒頭に書いたが……いきなり躓《つまず》いてしまった。大切な写真、それも長年の友人の写真を捨てるのは気が進まない。

しかしそんな私をよそに、せっせとものを捨てていたのが夫の神津さんである。それも、いかにも大事なものから、躊躇せず処分し始めたのだ。

「もうピアノで作曲する時代じゃないからね」

そう言って、グランドピアノや電子楽器を処分したのには驚いた。まさか作曲家が楽器を捨てるなんて！

その中には、特別思い入れの深い楽器もあった。上海《シャンハイ》から持ってきたアップライトのピアノは、亡き父上の形見の品。大きさだけを考えれば、新居であるマンシヨンに入らないこともないが、神津さんは一度決めたらやりとげる人だ。「もう使わないから」と言って、業者に引き取ってもらった。

さらに、美空ひばりさんが家に来たときに一緒に遊んだビリヤード台もあっさり手放した。そのビリヤード台は、三十畳もあるリビングの中央に置かれていた。家を建てたとき、『ゴッドファーザー』のような空間を作りたいと、彼が特別な思い入れをもって購入したものだった。

さらにコレクションしていた貴重なカメラも、友人たちに「付け値でいいから買って」と譲り渡してしまった。

神津さんに負けてはいられない——。

健さんとチエミちゃんの写真を再び取り出した私は、思い切って写真をハサミで切り始めた。

「ごめんね。大切にしてきた写真を切っちゃうからね。でも、健さんは生きている間にチエミと別れたし、二人とも向こうの世界に行っちゃったからいいでしょ？どうか許してね」

何度も言い訳しながら、細かく切っていく。写真は個人情報だから、そのまま捨てて誰かに拾われたら困る。でも、ハサミで切った理由はそれだけではない。

これは過去とお別れするための儀式だ。ひばりさんがいて、チエミちゃんがいて、健さん、菅原文太さん、緒形拳さんといった「スター」がいたあの頃との決別なのだ。

ずっと昔のことばかり考えて生きるわけにはいかない。思い出との「お別れ時」が来た。悲しいけれど、これは仕方のないこと。

家族の写真も、捨てられずに段ボールにため込んでいた。祖母に抱っこされた小さい頃の写真や結婚式での写真など、自分だけが写っている写真はもともと多くはない。二十枚もなかったと思う。でも、子どもが生まれ、家族ができるなかで自然と思い出の写真が増えていったのだ。

しかし夫はこう言い放つ。

「ここに写っているじいさんとばあさんが誰なのか分かるのは子どもか、せいぜい孫止まりだぞ。こんなものを残されても後の世代が困るだけだから、写真について記憶のある人間が処分するのがエチケットだ」

さすがにすべて捨てるのは忍びないので、夫と二人でベストショットを選んで一冊のアルバムにまとめた。それ以外の写真は思い切って処分した。

とくに女の人は、どうしたって思い出にがんじがらめになりがちだ。「息子が初任給で買ってくれたものだから」なんて理由をつけて、押し入れの奥にしまい込んでしまう。

でも、近頃しみじみ思うのだ。年齢に合わせて思い出をそぎ落としていかないと、人は前には進めない。

私の母は律儀な人で、仕事関係の資料や映画のスチール写真、さらには若き日のマルベル堂のプロマイドなどをきちんと整理して、保管してくれていた。しかしそれらも「ありがとう、お母さん」と声をかけながら、綺麗さっぱり処分した。

大事なものの整理はまだまだ終わらない。

小さいものでは、かわいい便箋や付箋など、文房具のコレクションがあった。趣味で集めていたのだが、なかなか使う機会もない。「二度と使うことはないだろう」と考えて燃えるゴミに出していった。

戦争中の『主婦之友』や、戦後に創刊したばかりの『暮しの手帖』も押し入れの奥のほうで発見された。さらに映画の古い台本も何冊か見つかった。でも、貴重な資料だったとしても、もういらない。だいたい「あのシーンうまくできたかしら」なんていちいち振り返っていたら、新しい役を演じられなくなってしまうに違いない。

八十年以上にわたる女優生活でいただいた記念品もたくさんあった。「芸能活動何十周年記念」のお皿やグラス、結婚式の引き出物など。せっかくいただいたのだからとそれまでは捨てられなかったが、大方手放した。

捨てるときに必要なのは思い切りだ。夕食の料理をするときだって「ダイコンさん、ごめんなさい」なんて言って、野菜をザクッと切る。

人生も同じ。「お別れ時」が来たと思ったら、写真もすっぱり切って、ものもゴミ袋に思い切って入れる。

そこからまた、新しい生活が始まっていくのだ。

ヒント 2

捨てても消えない「形のない財産」

思い出が染みついたものはまだまだ出てくる。

「メイコちゃんです」と書かれた私の肖像画を発見。裏側を見てみると、なんと東郷青児さんのサインがあった！

赤ちゃんだった長女のカンナを描いたかわいらしい絵も見つけた。「カンナちゃん、おたんじょう、おめでとう」というメッセージを書いてくれたのは、『週刊新潮』の表紙を手掛けた谷内六郎さんだ。一応、カンナに伺いを立ててみたところ「お母さんがいただいたのだから、好きにして」と言われた。

どちらも著名な画家が描いた絵だが、後生大事に持っておいてもしょうがない。

やっぱり「お別れ時」だと思って処分するしかないのだ。

忘れてはいけないのは、ものがなくたって大切な人を思い出すことはできるということだろう。

私は毎日、「今日はこの人を思い出す日にしよう」と決めて、その人のことを思い出すことにしている。

幼い私にとって、昭和のスターたちは先生のような存在だった。キューピー人形を下さったエノケンさんは図画工作の先生。役を離れると、気難しくて怖い人だったが、私には優しくて、よくマンガを描いてくれた。

森繁久彌さんは国語の先生だ。とにかく知識が広くて何でも知っている。何を聞いても、必ず答えてくださった。森繁さんが父親で、私が娘という配役が多かったので、「パパの頭の中は図書館ね」とよく言ったものだ。詩の朗読がうまくて、萩原朔太郎の詩を読んでもらったときに、うっとりしたのは忘れられない。

英語の先生は古川ロッパさん、漢文は徳川夢声さん、喜劇の精神は三木のり平さんから教えていただいた。思い出の品を捨て去ったとしても、こうした「形のない財産」は消えることはない。

「あの人はこんなことを言っていたなあ」とふと思い出す瞬間がある。すると思い出の人々と過ごした時間が、今の自分を形作っていることを実感する。

健さんやチエミちゃんと過ごした楽しい時間も、神津さんや三人の子どもたちと駆け抜けた日常も、瞼《まぶた》を閉じればいつだって頭の中で再現できる。ハサミを入れたって、燃えるゴミに出したって、消えない。

どんな人でも、思い出が詰まったものを持っているはずだ。しかしやっぱり「お別れ時」を受け入れて、捨てていったほうがいい。そうしないと、前には進めないのだから。

ヒント3

終の棲家は、少し狭いくらいがちょうどいい

以前に住んでいた「大きな家」では、私たち夫婦に子どもが三人、さらに神津さんの母と私の母と、いちばん多いときで家族七人が暮らしていた。お手伝いさんや、神津さんのお弟子さんたちも出入りする賑やかな家だった。

しかしやがて三人の子どもたちが次々に独立し、姑も私の母も旅立った。ものにあふれた家に夫と私の二人が残されると、広い家がかえって寂しく感じられるようになった。

当時は二人ともまだ五十代半ば。体も心も元気で仕事をバリバリしているうちはまだよかったが、六十代、七十代と歳《とし》をとると、日常生活での苦労も増えた。広い

家では、ドイツ製の重い掃除機で家中を掃除するだけでも大仕事だった。

とにかくスペースがあるので、ものもどんどん増えてしまう。家の中や倉庫、ありとあらゆるスペースが埋まっていき、自分でも何が何だか分からない状態になっていた。

いい加減に片付けに手をつけないと、子どもたちに迷惑がかかってしまう。それは分かっているのだが、なかなか気が進まない。

そこでせめて、ものを増やさないことに決めた。新しいものはできるだけ買わないようにし、買う場合は、それを置くスペースを作るために何かを処分する。「新しい服が欲しいなあ」と思ったら、まずはクローゼットの中身を想像する。そこで「あのセーターを○○さんにあげよう」と決めてから、買うのだ。新しい服は、空いたスペースにしまえばいい。

ただし、これだけでは根本的な問題解決にはならない。大きい家に住み続けるかぎり、どうしたって大量のものをため込んだままになってしまう。

さらに、大きな家に住み続けるうえで、お金《かね》の問題も出てきた。部屋数も多いため、光熱費や水道代が異常に高い。仕事も落ち着いて収入が減った私たち夫婦には、大きな負担だった。

この先の人生を身軽に生きるにはどうすればいいのか――。

辿《たど》り着いた結論は、一軒家の自宅を捨てることだった。家も生活も縮小するために、自分たちにふさわしい手頃なマンションを探し始めた。

といっても私には、何を基準にマンションを選べばいいのか分からない。家探しはすべて夫に任せることにした。

奥さんのほうが家にこだわるという夫婦が多いようだが、私の場合は夫が選んだマンションであれば、どこでもウェルカムといった気持ちだった。夫が見つけてきた新居の広さは、前の家と比べると三分の一以下で、キッチンも狭い。

しかし私は「おもしろい生活が始まるッ！」と受け入れた。

長年女優をやってきたので、セットに合わせるのには慣れている。どんな住まいに移ったとしても「今回のセットはこれなのね」と思えばなんの問題もない。それに老夫婦二人で暮らすなら、少し狭いくらいで十分だ。

「住めば都」ではないが、新たな住まいのいいところもすぐに見つかった。

そもそも家が狭いことは、けっして悪いことではない。「あの本はどこにやったっけ？」「あの服はどこにしまってあるかな？」と探しまわる必要がない。キッチンもたしかに小さくなったが、調味料や調理器具にすぐ手が届くのは便利だ。とくに股関節を骨折してからは、コンパクトな家にしてよかったと実感している。

壁やタイルが真っ白だったことも、非常に気に入っている。歳をとって腰や目が悪くなってくると、どうしても汚れに対してルーズになってしまう。でも真っ白であれば、汚れが目立って、放っておけない。

もう一つ素敵だったのは、マンションの入り口に大きな楠《くすのき》があること。枝を空へ向かって高く伸ばし、緑の葉が風に揺れて、サワサワと葉音が聞こえる。幹は私たち二人が手をつないでも届かないほど太く、なんと江戸時代からそこに立っているという。

外出をするたびに大きな楠を見上げる自分の姿が想像され、これから始まる八十代の新しい生活への希望が広がっていった。

ヒント 4

トラック七台分の片付け大作戦

新居は決まったが、喜んでばかりもいられない。引っ越しへのタイムリミットは刻一刻と迫っている。家にあるものを少なくとも十分の一に減らさなければ、マンションに移ることはとうてい不可能だ。

そこで始めたのが「週単位の片付け」だった。今週は「思い出を捨てる週」、来週は「手元にあるものを捨てる週」、さらに再来週は「母親として家事に使っていたものを捨てる週」と決めて、淡々と捨てていく。

最終的に捨てたものはトラック七台分にもなったが、その内訳を振り返ってみたいと思う。

まずは洋服だ。女優である以上、時代からはみ出した古いものを身につけるのは嫌で、その年のアイテムは必ず買っていた。テレビに出ているので、毎回同じ服というわけにはいかない。スタイリストをつけていなかったので、服はすべて自分で用意していたこともあり、どうしても服が増えてしまう。いちばん多いときで、二百着はあった。

買い物好きの私を「東京のイメルダ夫人」と呼ぶ人もいた。たとえばストッキングだけでも、段ボールに数箱分にもなった。黒にグレー、モスグリーン、赤、黄、ブルーなど、実に色とりどりなストッキングの中から、その日の服に合わせたものを選ぶ。だから、自然と数が膨らんでしまうのだ。

私の少女時代、ナイロンのストッキングは貴重品だった。伝線すると繕ってくれる専門の店まであったくらいだ。だから「ストッキングを捨てるのはもったいない」という意識が今も強く残っていて、何度かはいたものでも破れていなければ、簡単に捨てることができなかった。

しかし夫は、そんな言い訳を聞き入れてはくれない。

「もしもキミが先に死んだら、じいさんが一人でパンストの整理をすることになるんだよ。それはちょっと気味が悪いだろう」

こんなふうに言われてしまっては、ぐうの音も出なかった。

靴も三百足近くあったが、夫は「そんなに靴が必要だなんて、君はムカデか」と手厳しい。私の靴のサイズは二十二半と小さいため、もらってくれる人もいなかった。だからすべて処分した。

帽子も二十個以上あったので、夫は「ヤマタノオロチか!」とつっこんだ。こちらも、日常的に被っているもの数点を残し手放した。

片付けにもだんだんと勢いがつく。ものが減ると心も軽くなり、片付けがますますはかどる。

ヒント 5

「ときめき」ではなく「実用性」が捨てる基準

今はものを見て「ときめくか」で捨てるか捨てないかを判断するという方法が流行っているらしい。しかし私の場合、考えるのは「実用性」だ。

自分でいいと思って買ったものなのだから、ときめくかどうかを考えていたら捨てられないのが当たり前。「高いヒールはもう履かないだろう」「舞台に出ないので、こんなに光る靴はもう使わない」というように、「使うかどうか」を考えて大胆にものを捨てていくのが私のやり方だ。

広い家の地下室には、ビンテージワイン、ウイスキー、ブランデーも数百本あった。それだけでマンションの部屋がいっぱいになってしまうくらいの量だ。

昔は、夫婦揃ってかなりの呑兵衛《のんべえ》だったが、夫は五十歳を過ぎた頃にお酒をきっぱりやめた。ちょっと飲むだけで顔が赤くなり、やたらに酔っぱらうようになったからだ。

本人曰《いわ》く「アルコールは肝臓で水と二酸化炭素に変えられる。そのとき働くのがアルコール分解酵素で、僕の場合、その分解酵素が分泌されなくなったのだ」とのこと。身体を悪くしたわけではないが、ダンディズムの強い神津さんにとっては、酒を飲んで顔が赤くなることが恥ずかしかったようだ。そんな理由できっぱりお酒をやめられるのだから、わが夫ながらあっぱれだ。

というわけで、お酒の貯蔵は主にお客様のためのものになっていた。百人を超えるお客様を招いてパーティを開くこともあったし、仕事が終わった後など夫がお客様を連れてくることもしばしばで、私たちの家を「絨毯《じゅうたん》バー」だと思っていた人もいたくらいだ。

けれど、マンションに引っ越してしまえば、大人数のパーティは不可能だし、日常にお客様を招く回数も少なくなる。

そこで、お酒もすべて思い切って処分した。売れば結構な値段になったのかもしれないが、そんなことに時間をかけるのはもったいない。知り合いのワインバーのご主人にすべて引き取ってもらい、「売れるものは売ってください」とお願いした。なかには数十万円もするワインもあったようだが、飲む予定がなければ「宝の持ち腐れ」だ。

食器を捨てるのも大変だった。膨大な数の皿、グラス、コーヒーカップが何十セットも揃っており、なかには箱すら開けていないものもあった。昔から大事に使ってきた九谷焼や伊万里焼の器は夫婦二人分のお皿や茶碗に絞り、子どもや孫たちが訪ねてきたときのために数組を残して、あとはすべて処分した。

ものを捨てるのは、体力勝負だ。振り返ってみると、引っ越しの準備をした七十九～八十歳は自分で片付けができるギリギリのタイミングだった。今同じことをしろと言われても絶対にできない。

ため込んだものの処分は、できれば六十代から始めたほうがいい。少なくとも七十代にはとりかからないと、後に残された人たちが苦労する。

残したものを子どもたちが片付けながら、自分たちのことを思い出してくれたらいいと思う人もいるかもしれない。もちろん子どもたちがそれでいいと言うのならいいが、私たち夫婦は、自分たちのものは自分たちで整理して、子どもには迷惑をかけたくないという考えだった。

皆さんが思い描く「大女優」のイメージどおり、大きな家に住んで大量の洋服を買いこみ、お酒や食器をコレクションする人生を送ってきた。でも、今は違う。身軽になって夫婦二人、マンションで「普通の暮らし」を送っている。そのほうが落ち着くし、幸せだ。

ヒント 6

亡き母のような「あげ魔」になりました

捨てるのが忍びないものは、人にあげるのがいい……と私は思う。

たとえば、着物。仕事柄、着ることが多いので百枚は持っていた。いい着物は、人から人へ受け継いでいくものだ。私も、親しくしている芸者さんたちに譲った。

なぜ芸者さん？　と疑問に思った人もいるだろう。実は昔は、ひばりさんと一緒にしょっちゅう花街で遊んでいた。その頃から、私とひばりさんはよく、着物を芸者さんに譲っていた。

「あらメイコさん、そのお着物、素敵ね」「帯も、お草《ぞう》履《り》もいいわネ」なんて言われると、気前よくあげてしまう。着物は洋服ほどサイズが限定されないし、芸者さんたちは数が必要になる。今となっては自分で着物を着る機会もぐっと減ったので、昔と同じように芸者さんたちに気前よく譲った。

洋服についても、衣装用に買ったものは仕事が終わったら洗濯して「よかったら、使って」と衣装部さんにあげた。私用の服は、周囲に私と同じSサイズを着られそうな人がいたら、声をかけてみて、欲しいとおっしゃったら差し上げた。

そんなことを繰り返しているうちについたあだ名は「あげ魔」。知り合いに会うたびに、「これ、あげるわ」と口癖のように言ってしまう。家にある服を見ていても「これはあの人に似合いそうね」などと考えだす始末だ。

思えば私の母も「あげ魔」だった。

明治生まれの母はモダンガールの先端を行く人で、たくさんの洋服を持っていた。しかし歳をとってからは、気に入っていた洋服をどんどん人に譲るようになった。どんなに愛着がある洋服でも、着ることがなければ意味がない。そう考えていたのだろう。

母や、祖母の世代は終《しま》い支度が上手だったと思う。今よりも寿命が短かったから、かなり若いときから「いつなんどき、どんなことがあっても、みっともなくないように」と身の回りを綺麗にしてきた。そんな母を見習ったわけではないが、私も気づけば「あげ魔」になっていたのである。

ただ、ものを差し上げるのは難しいことでもある。喜んでくださる方がいる一方で、嫌がる方もいる。そこのところを見極めて、ものの行き場所を決めてあげる。それは、人生を締めくくるうえで、大切な仕事なのだ。簡単に人にあげているように見えた母にもきっと、いろいろ気遣いがあったのかもしれない。

夫婦ともども活字中毒なので、本もたくさんあった。本は何度でも読めるのだから、喜んでくれそうな人にあげるのがいい。戦後すぐに買った『星の王子さま』の初版本など一部の本は新居の書棚に移したが、入りきらない分は子どもたちが通った学校へ寄付したり、古本屋さんに引き取ってもらったりした。幼少期に人からもらった「いろはカルタ」も思い出深いものだった。学校にほとんど通えなかったので、読み札の意味が分からずに「どうして犬が歩くと棒にあたるの？」と質問してまわりを困らせたこともあった。しかしそれもばっさり捨てた。

ネックレス、ペンダント、ブローチ、イヤリングなどのアクセサリーも欲しいとおっしゃる方々に差し上げた。バッグは夫からもらった思い出の品は娘たちに譲り、他はやはり欲しいという方に託した。

今は不要なものをネットで売ることもできる。でもお金にこだわらないなら、すべて無料で差し上げればいい。

幸い私は、高価なブランド品はほとんど持っていなかった。基本的に「自分には高価なブランドは似合わない」と思っているので、無理に背伸びをして高価な品に飛びついたりはしない。

それに、どれだけ有名なブランドでも時代遅れになる。古臭いデザインのオーストリッチのカバンよりも、トレンドの千円のバッグのほうがかわいいと思う。

ブランド品を譲るにしても「ブランド品だから、ありがたく思ってね」という気持ちで渡すのはオススメできない。あくまで「私がいいと思ったものなんだけど、あなたにも似合いそうだからもらってくれる?」という謙虚な姿勢が大切だ。

子どもに関するものは、本人に渡してあげるのが早い。子どもの成績表や表彰状をしまい込んでいやしないだろうか? うちの場合は、子どもが小さい頃の育児日記を細かくつけていたが、それぞれに渡すと喜んでくれた。

大量のものを捨てたり、あげたりしてきた。でも、最も手放すのが難しいものは手紙だと思う。大方は捨てられたが、夫が婚約中にくれた手紙が六十~七十通くらいあり、処分に悩んだ。私たちは婚約期間が三年もあったので、手紙の数も多い。

昔はその日中に届く「即日速達」というものがあった。その印が押してある手紙は思い出深く、捨てるに捨てられなかった。

考え抜いた末、夫からのラブレターは、作家の長女・カンナに託すことにした。

「あなたは物書きでしょ。何かの役に立つかもしれないから、預かってね」

こう言って渡すと、カンナは笑いながら言い返してきた。

「ママが瀬戸内寂聴さんくらいの大作家だったら、パパとの往復書簡として出版して売れたのにね」

少し恥ずかしいけれど、煮るなり焼くなり好きにしてください。

ヒント 7

娘に託した淡い恋の思い出

夫の手紙とともに娘に託した三通の手紙がある。

作家の吉行淳之介さんからいただいた手紙だ。

十六歳のとき、私は雑誌社でアルバイトを始めた。当時「アルバイト」というのは新しい言葉でとてもかっこよく響いた。

女優という本業があるにもかかわらず、父に「私もアルバイトがしてみたい」と言ったところ、「メイコにできるアルバイトなんてあるかなあ」などと言いつつも、雑誌の原稿取りの仕事を見つけてきてくれた。

その雑誌の編集長が吉行淳之介さんだった。

なんて素敵な人なんだろう……。

一目見たときから、目がハートになってしまった。容姿はいいし、物腰に品と色気があって、しかも聡明でいらっしゃる。仕事をしているうちに、気づけば本気で好きになってしまった。

ただ、編集部の人たちに私は不評だった。世間知らずでなんの役にも立たなかったからだ。露骨に「彼女いつまで置いておくの」なんて言う人もいたが、吉行さんは「まあまあ、いいじゃないですか。机の上の一輪のカーネーションだと思えば」と言って、かばってくださった。

吉行さんが原稿を取りに行くのに同行させてもらったこともあるが、そういうとき、吉行さんは距離をとってうつむき、目立たないようにしてくれる。

「君は世間に顔を知られているから、騒がれても困るだろう」

それでも、とても寒い日にぎゅっと手を握ってくださったことがあった。そのときのことはなんと、小説の場面で書かれている。

〈ある冬の日、冗談のように彼の両手でつつみこんだ少女の片方の掌を、乱暴に彼の外套のポケットへ投げこんだ……〉

『水の畔《ほと》り』という小説の一節だ。淡い淡い恋だったが、私にとっては一生の思い出になっている。

吉行さんは手紙も上手な方で、「手紙というのはこう書くのだ」というお手本のような手紙を書かれる。私にとってはバイブルのようなものだったが、手元に置いておいてもしょうがない。作家である長女は、これを読んで何を思うのだろう。

ヒント8　ひばりさんの宝物は、棺桶に入れてください

捨てたり、あげたりして、あらゆるものを手放してきたが、手放せないものもある。田中角栄さんからもらったお皿がその一つだ。ご自身のサインの上に「メイコちゃんへ」と書かれてある代物だ。

角栄さんは昭和三十二年に戦後初の三十代の国務大臣として郵政大臣に就任して、テレビ局の放送免許を管轄するトップになった。ちょうどその頃、雑誌で対談していたら、いったん席をはずした角栄さんが興奮した顔で戻ってきて、「今、テレビの民放を認可した。メイコ、お前は記念すべき日にここにいた。テレビの申し子だ」と言われた。

自分で言うのもおこがましいが、私と角栄さんとは気が合った。毀誉《きよ》褒貶《ほうへん》の多い方だったが、私にとってはきっぷのいいおじさんで、魅力的なかわいい人だった。夫はよく「中村メイコと一緒に暮らせるのは、自分以外では角栄さんしかいない」なんて言っていた。

子どもたちを連れ、目白の邸宅まで年始の挨拶に行ったこともある。

「ほら、カンナちゃん、ハヅキちゃん」と娘たちにお年玉をくださるのだが、その額が異常に大きい。

「こんなにお金をあげるなんて、子どもにとってよくないんですよ。これだけちょうだいします」と私がお札を一枚だけとって、残りを返すと「そうか。そういうものなのか。じゃあ、メイコちゃんにも用意しておいたんだけど、同じ額にしよう」と言われてしまった。

今さら「いいえいいえ、大人はたくさんもらってもいいんですよ」とも言えず、焦ったものだ。角栄さんとの愉快な関係を伝えるものとして、お皿は手元に残しておきたいと思っている。

徳川夢声さんの虫眼鏡も残してある。昭和十七年五月、私は徳川夢声さんの一座と興行で九州に向かっていた。その途中、乗っていた列車が爆撃を受けた。九死に一生を得た私たちがなんとか下関に着き、門司港で汽船を待っているときのこと。ちょうどその日が私の誕生日で、いつもだったら家でパーティをしてもらうのに、戦時下のわびしさに心がふさいだ。

そんな私の気持ちを知った夢声さんが私を街に連れ出して買ってくれたのが、銀色の携帯用虫眼鏡だった。私はもっと女の子っぽいかわいいものが欲しかったのでふくれっ面をしていると、夢声さんはこんなことを言った。

「虫眼鏡はなんでも拡大して見えるんだよ。楽屋の畳のヘリでもアリンコでも、見てごらん」

その興行の間、私はなんでもかんでも拡大して見た。それはことのほか面白く、私の世界を広げてくれた。

後年、結婚の仲人を夢声さんにお願いしたとき、私はこんなことを言った。

「先生にいただいた虫眼鏡で拡大してよく観察した結果、この人と結婚することに決めました。つきましてはお仲人をお願いできないでしょうか」

虫眼鏡は小さな品なので、捨てずにとってある。今でもときどきその虫眼鏡で、家の中のいろいろなものを拡大して見て楽しんでいる。

そしてなにより、美空ひばりさんとの思い出の品々も手放すことはできないものだ。手紙や小さな時計などかさばらないものばかりなので、「私が死んだら一緒にお棺に入れてちょうだい」と長女に頼んである。

ひばりさんと知り合ったのは、私が十六歳、彼女が十三歳のときだった。『月刊平凡』で彼女と対談した私は開口一番こう言った。

「私たちもお休みのときくらい、ボーイフレンドとデートして、お揃いのセーターを着たり、腕を組んだりして歩きたいわよね」

すると彼女は、しっかりした口調でこう答えたのだ。

「私はそうは思わないわ。私たちは夢を売る商売なのだから、ファンの皆さんが嫌がることはするべきじゃないわ」

なんて気味の悪い、憎たらしい女の子だろうと思ったものだ。

その後は忙しくて顔を合わせることもあまりなかったのだけれど、成人して再会すると、些細なことから意気投合して二人でお酒を飲み歩くようになり、親友になった。

ひばりさんは年下だが、弟と妹がいるので「しっかり者のお姉さん」。一方私は「一人っ子の甘えん坊」。性格は正反対だったが、だからこそ気が合ったのかもしれない。

昭和六十三年四月、大病したひばりさんが東京ドームで復活公演をしたときは、このまま元気になってくれると期待した。ところが翌年、年号が平成に替わった二月から始まった全国ツアーは、わずか二回で中止になった。

肝硬変が悪化したのだ。

療養中のひばりさんは自宅で好きな絵を描いて過ごしていたようだが、再度入院することが決まった。入院前日の夜、私のもとに電話がかかってきた。

「メイコ、今、試しに布団を被って、『リンゴ追分』を歌ってみたんだけど……。ワンコーラス歌うだけで息が苦しいの。あの美空ひばりが、だよ」

電話を切った後、私は娘のカンナの部屋に行って一晩中、泣いた。

ひばりさんが亡くなったのは、それから間もなくのことだった。亡くなったという知らせを受けて病院に駆け付けたところ、息子の和也さんから渡されたものがあった。黒いサングラスと黒いハンカチだ。そしてそこには、ひばりさんの字で書かれたメモが添えられていた。

「泣き虫メイコが来たら、これを渡してください」

そのサングラスで隠し切れないくらいの涙を、私は流した。

ハッピーに生きてきた私にとって、ひばりさんの死はいちばん悲しい出来事だった。

でも、ひばりさんのおかげで死ぬことが怖くなくなった。だって死ねば、美空ひばりに会えるのだから。

ただ心配なのは、ひばりさんがちゃんと迎えに来てくれるかどうかということだ。彼女も私もとんでもなく方向オンチだから。ひばりさんのくれた宝物が、道しるべになってくれるかな。

処女小説『ママ横をむいてて』は
昭和30年に映画化された。
主題歌は神津善行が作曲している

第2部

頑張らない、我慢しない、気楽に日々を送るコツ

ヒント 9 転倒、骨折して気づいた「怪我の功名」

へえ、私にもまだ経験していないことがあったんだ――。

令和元年六月、夫の演奏会の楽屋で滑って転んだ。そのときはたいしたことないと思ったのだが、一晩寝たら痛みがひどくなってきた。翌日、病院に行ったところ手術が必要だと言われ、そこから一ヵ月も入院生活を送ることになった。

私はいい加減なようでいて実は用心深い。長年舞台に立ってきたが、怪我をしたことは一度もなかった。大きな病気をしたことがなく、それまで人生で入院したのは、三人の子どものお産のときだけ。私にとっても家族にとっても、この怪我は予想外の出来事だった。

元気なままフェードアウトしていけると思っていたのだが、人生はそれほど甘くないようだ。

手術の後は前のようにちゃかちゃか動けなくなってしまい、隣の部屋に移動するだけでもしんどくなった。

家族の誰よりも早く起き、身づくろいをする。エプロンをつけて朝ごはんの用意をして、旦那様に食べさせて……。ずっと続けてきた家事も、難しくなってしまった。

歳をとれば骨も脆《もろ》くなるし、骨折してしまうのは仕方ない。病気も怪我も増えていく。どうしたって気分は落ち込む。

だが、そこでただ沈んでしまうのはもったいない。むしろ、「怪我をしてよかった」くらいに思えたほうが幸せではないだろうか。

今回の怪我は、まったく歩けなくなるような大怪我にはならずに済んだ。これだって、よく考えてみればラッキーだ。もっと歳をとってから転倒していれば、より重傷になっていたはず。

その前に、神様が警告をしてくれたんだと思うことにした。

「もう八十歳を過ぎたんだから、ハイヒールなんて履いてはいけないよ。転ばないようにもっと注意させるために、この辺でちょっと怪我をさせておこう」

こんなふうに考え始めたら、怪我をしたこともなんだか愉快に思えてきた。お見舞いに来てくれた長女にも「今なら足が不自由な役が来ても、うまく演じられるのに」なんて軽口をたたく余裕も生まれた。

「健康とはこういうものだ」という固定観念や、「こんな生活をしなければならない」という理想を手放すことができれば、何歳になっても自由に生きられるのだ。

ヒント 10

家事を頑張りすぎてはいけません

怪我をしてよかったことが、もう一つある。

これをきっかけに、主婦を「卒業」できたことだ。

「男子厨房に入らず」が当たり前の時代に育った夫が、なんと料理をしてくれるようになった！

「来なくていいわよ」と言っても、夫はお手製の弁当を持って、私が入院していた病院まで通ってきてくれた。車の免許は返納していたから、電車を乗り継いで病院まで来てくれる。お弁当の中身はほとんど茶色だったが、食べてみるとこれが意外と美味しいのだ。

それまで神津さんの料理といえば、毎年大晦日に作るロシア風スープが定番だった。ボルシチにも似ているが、旅行先のヨーロッパで見つけたレシピがごちゃ混ぜになっている。合羽橋《かっぱばし》で買ってきた巨大な寸胴鍋に、大量の野菜をぐつぐつ煮込む。味は美味しいのだが、豪快な「男の料理」で、シンク下を水浸しにしてキッチンが荒れるのにも困ったものだった。

それが、私の怪我の後に夫が本格的に料理にハマってからは、もっと繊細な料理を作るようになった。料理人に男性が多いように、食材を捌《さば》く力や器用さ、一つの料理を作り上げる創造力などを考えると、実は料理というのは男性に向いているのかもしれない。

彼の十八番であるビーフシチューは、私が作るよりもずっと上品な味がする。本人もそれを自覚していて、「僕が作る料理は創作料理、キミが作るのは家庭料理。その違いだよ」なんて自慢げだ。

朝食には季節の野菜や果物を皿に盛りつけ、プチヨーグルトを添えて出してくれて、まるでホテルで出される朝食のように見た目も綺麗だ。

ごはんのちょっとしたお供もお手のもの。紅ショウガを上に散らした、ちょっと濃いめの味の炒り卵など実に美味で、私も大好きな一品だ。作曲家の繊細な感覚が生かされているのかもしれない。

私くらいの歳の女性は主婦という概念に縛られがちなので、ついつい頑張ってしまう。そんな人ほど「食事は妻が準備する」という考えを、一度捨ててみてはいかがだろう。交替制にして夫に任せてみれば、意外な才能が眠っていたことに気づくかもしれない。

骨折までしなくても、歳を重ねるうちに台所に立つのがつらくなる日は必ずやってくる。野菜を千切りにするのが面倒になったら、ざく切りにすればいい。綺麗に巻いただし巻き卵が作れなくなったら、目玉焼きに替えればいい。出来合いの総菜ではない。

掃除にしてもそうだ。昔から掃除が好きだったのだが、窓を拭いたり、脚立に乗ったりするのは難しくなった。膝が悪いので、四つん這いになって床を拭くこともできない。

なので、昔のように完璧な掃除をしようと、無理をしなくていい。目についた汚れを綺麗にするくらいならいいが、普段使っていない部屋まで掃除機をかける必要はない。多少ほこりがあったところで、死ぬわけではないのだから。

むしろ頑張りすぎると体がくたびれ果てて「絞りカス」のようになってしまう。ちょっと頑張って家事をして、疲れたときは弱音を吐いてもいい。

「くたびれちゃった。もう出がらしだー」

明るく笑い飛ばさないと、どんどん気分が沈んでしまう。

夫は食事の準備ばかりでなく、ゴミ捨てや洗濯もしてくれるようになり、怪我をする前よりもずっと優しくなった。歳をとった夫婦は、どちらかが怪我をしたり病気になったりしたら、もう一方が助けなければならなくなる。

これまで続けてきた家事分担に縛られて「これは妻の仕事だから」「夫の仕事だから」なんて言っている余裕はないのだ。

ヒント 11

健康のことばかり考えていて楽しいですか？

二歳八ヵ月のときから女優をやっているが、映画の予告編が嫌いだ。

大勢の人間が必死になって作りあげた大作を、いいところだけ切り取ってわずか数分に編集し、さも面白そうに見せる。観客を呼び込む策なのだろうが、いかにも大げさな感じがして気に入らない。なにより、映画のドキドキは本編まで取っておきたいのだ。

健康診断も、映画の予告編に似ているから嫌いだ。

どこも痛くないのに、内視鏡で胃や腸の中を見たり、ＣＴで肺を、ＭＲＩで脳を検査して、わざわざ先に病気を見つけようとする。

お医者さんも検査結果を片手に、「この数値が高い」「節制をしないと大変なことになる」と大げさに脅してくる。若いときと違うのだから、細胞レベルで衰えていることは明白だ。粗《あら》探しをすれば、よくない部分が見つかって当然。小さな癌《がん》が見つかる可能性だってある。

でも、考えてみよう。

七十歳を過ぎて健康診断でちょっとした癌が見つかったとする。医師に呼ばれて癌を宣告されれば、当然気分は滅入る。その後は、やれ手術だ、やれ抗癌剤治療だと言われ、週に何度も病院に通うなど、病気に振り回されることになる。人生の残り少ない時間をただ病気への対処ばかりで過ごす。

そんな生活はまっぴらごめん。私の理想はこうだ。

なんだか最近調子が悪いなあと思って、痛みや苦しみを感じたら初めて病院へ足を運ぶ。すると末期の癌であることが判明し、一ヵ月もしないうちに息を引き取る。まわりの人たちからは「メイコさん、一ヵ月前までは元気だったのにね」と言われる——。

病気だ、介護だと大騒ぎはしたくない。あっという間にすっきり綺麗にこの世を去りたいのだ。

　そもそも検査をせずとも、自分の身体のことは自分がいちばん分かっている。夫の神津さんも、そんな私の考えを理解してくれているから「検査を受けに行きなさい」と言ってくることもない。

「順調に老化しているなあ……」

　近頃はそう感じることも増えたが、むしろ「私は普通の人間なんだ」と実感して安心できる。以前は椅子の背もたれを片手で持てば立つことができたのに、股関節を怪我した今はテーブルに両手をつかないと立ち上がれない。

　でも、八十七歳で足腰丈夫、記憶力もばっちりで、お肌もピカピカだったら、そっちのほうがおかしい。

最近の世の中の傾向として、みんな健康を気にしすぎなのだ。好きなことや楽しいことをするために健康であることが必要なのに、今はただ健康になるために生きている人がいかに多いことか。

時々、「これ、体にいいからどうぞ」と勧めてくれる人がいるけれど、私は体にいいからという理由でものを食べることはない。それが美味しいから、好きだから、食べるのだ。

父が福井県、母が愛知県出身ということもあって、うちはどちらかというと濃いめの味付けで、私も関西の薄味はどちらかというと苦手だ。

歳をとったら高血圧に気をつけて塩分を控えるよう言われる。しかし、私も夫も料理の塩分を控えるということはしない。だいたい私は毎日お酒を飲んでいるので、酒の肴は少し塩辛いくらいのほうが好きなのだ。

それでもいたって健康で、血圧も正常値を保っている。
私の場合、極端な少食だという理由もあるはずだ。どんなに美味しいものでも、どっさり食べるということがない。多分普通の人が食べる量の三分の一くらいではないだろうか。なじみのお寿司屋さんに行けば、私のために、通常の大きさの半分くらいの小さな握りを出してくれる。

量が少ないから、多少塩分の多いものを食べても血圧が上がらないのかもしれない。一方、持病がある人は食材、カロリー、塩分と、いろいろ制限があるだろう。私は糖尿病の姑を介護していたので、よく分かる。毎日毎日、カロリー計算をして食事を作るのは大変だった。

でも持病がないのなら、過剰な用心などせずに、好きなもの、食べたいものを食べればいい。それがいちばんの健康法ではないだろうか。

どれだけ栄養があろうと、この年齢になって苦手な食べ物を食べようとする必要もない。いくつになっても人参が好きになれず、自分が料理をするときは絶対に入れないようにしている。タコは味は好きだけれど、見た目がグロテスクなのであまり食べたくはない。

健康は気にせず、好きなものを好きなように食べればいい。我慢ばかりではつまらない。

ヒント 12

朝からお酒を飲んだっていいじゃない

若い頃から呑兵衛で、一人で一晩にブランデーを一本あけるなど、めずらしいことではなかった。さすがに今はそこまで飲まないが、歳のわりには結構飲んでいるほうだと思う。

休肝日もなく、毎日飲む。令和元年に入院したときは、一ヵ月お酒が飲めないのがつらかった。

なんなら、朝からお酒を飲む！

ビールのチビ缶（１３５ml）一本を、ぐいっと飲み干すのが毎朝の日課だ。驚かれる人も多いが、気分よく過ごすことができる。うちの冷蔵庫には、まとめ買いしたチビ缶がズラーッと並んでいる。チビ缶は、私にとって一日を始めるための「ガソリン」なのだ。

夕食のときは料理に合わせて、ワイン、日本酒、焼酎を欠かさない。夜寝る前のくつろぎのひとときにはウイスキーを飲む。今はデュワーズを気に入っていて、毎晩水割りにして飲んでいる。

「酒飲みはスコッチに始まり、スコッチに終わる」と言うが、本当だった。もっともデュワーズは私にとっては軽めのお酒だ。

量に気をつけさえすれば、お酒は体に悪いどころか良いものだと思っている。実際今日まで飲み続けても、大きな病気はしていない。

私の父と母も歳をとってからもお酒を飲み続けていた。二人でよく外に飲みに出かけていて、楽しそうだった。

私の場合は、夫の神津さんがお酒をやめたので、夫婦でお酒を楽しむことはできなくなってしまったが、それまでさんざん一緒に飲んで楽しんだのだから、もう十分だ。代わりに、子どもと一緒に飲むという楽しみができた。

栄養補給のためにサプリメントを飲んでいる人も多いようだが、私はいっさい飲んでいない。普通に食事をして、生きていけているなら、わざわざお金を払って栄養を補給する必要なんてないと思う。

好きな人と会って、楽しく話をしながら料理とお酒を楽しむ。

それこそが、自分にとっての最高の〝サプリ〟かもしれない。

ヒント 13

年金だけでも、楽しく愉快に暮らせます

『メイコのくらしと税金』という番組をやっていたことがある。「確定申告はどうやるのか」「税とは何か」といったお堅いテーマを、メイコさんでも分かるように説明していく内容だ。

番組のパートナーは三遊亭楽太郎（現・円楽）さんで、難しい内容はすべて彼が解説してくれた。私はもっぱら相槌を打っているだけだった。

私にとって最も苦手なもの――。

それはお金である。

役者は、ドラマや映画の小道具で偽物の大金を手にすることも多い。数億円の束

を扱うこともざらだったから、現実でもお金に対する意識や執着がなくなってしまったのだ。お金があれば、物と交換できる。それくらいの意識しかなかった。

外資系の生命保険のCMに出させていただいたこともあるが、保険商品の内容については何ひとつ分かっていなかった。そのときに勧められて保険に入った気もするが、どんな保険だったかさえ思い出せないほどだ。

テレビの出演料がいくらで、税金がどれくらいかかっているのかも、すべて事務所任せにしてきた。銀座で買い物をするのが好きで、お洋服やアクセサリーを買いまくったあげく、通帳の残高が底をつきかけたこともある。

それほどまでにお金に無頓着だった私も、主婦になってからは、たどたどしくも家計簿をつけるようになった。

「○月○日　お肉○グラム　○円」

普通のノートに日記をつけるみたいに、何にいくら使ったかを書いていく。といっても値段ではなく、どんな献立だったかが分かることのほうが重要。家族の食事を作ったり、お弁当を用意したりするうえで、家計簿があると非常に便利だった。日々のやりくりはなんとかできていたが、お金について考える習慣は一向に身につかなかった。

ところが十年ほど前のある日、夫が突然こんなことを言いだした。

「仕事も落ち着いてきたので、昔と比べれば収入もぐっと減る。これからは、年金だけで暮らせるようにしよう」

驚いて、思わず私はこう返してしまった。

「年金ってなあに？　どれくらいもらっているの？」

しかし、悠長なことも言ってはいられない。芸能人らしい派手な暮らしは終わりを告げ、つましい暮らしが始まった。

全室温まるセントラルヒーティングは効率が悪く、電気代もバカにならないのでやめる。照明も、白熱球からＬＥＤに替えた。夫によると、これだけで電気代がなんと三分の一になったという。

勝新太郎さんや高倉健さんが通っていた六本木のゲイバーなど、昔は私にも行きつけの店がたくさんあった。撮影の合間には、「ホテル暮らしですか？」と訊かれるほどホテルのコーヒーラウンジやバーに通ってもいた。でも、年金暮らしでは、こんな高級な店に通うのも難しい。

普通の奥さんでも、旦那さんが退職すると「こんな歳になって、これっぽっちの年金で暮らしていかなければならないなんて」と思われるのかもしれない。芸能人としてきらびやかな生活を送ってきた人なら、なおさら「節約なんてできない」と思って当然だ。

しかし私は、夫が言い出した「年金暮らし」をすんなり受け入れた。

「今度はこういう話です」という台本を渡されれば、それに合わせるのが女優の仕事だ。「お金がない」と嘆くより、「年金で暮らす役を演じるのね」と考えたほうが、ずっと楽しい。

節約生活なりの楽しみも発見した。残してあったお客様用の食器や箸置き、ナイフやフォーク、グラスを惜しげもなく使う。

そこに華を添えるのがテーブルクロスだ。気分がイタリアンなら赤と白のギンガムチェック、クリスマスが近づくと真っ赤なクロスを引いて緑のランチョンマットを使う。たった数枚のテーブルクロスを持っているだけで、安い豚肉を食べていたとしても、気分はホテルのディナーに早変わりする。

家計簿も以前よりきちんとつけるようになった。家に帰って家計簿を振り返っては「今日はちょっと買いすぎた。次のお買い物は気をつけよう」なんて思う。女優になって八十余年、名実ともにすっかり「庶民派芸能人」になりました。

ヒント 14

「自分は無趣味だ」と悩んでいませんか？

皆さんは、何か趣味をお持ちだろうか？

私はというと、昔から「無趣味」だった。仕事が忙しすぎて趣味を持つ暇もなかったし、なによりこの飽きっぽい性格である。

山歩きをされる方も多いようだが、山は虫に刺されるから嫌。登山中に遭難し、他人に迷惑をかけてしまうのも申し訳ない。それに十五歳頃まで茅ヶ崎に住んでいたこともあり、どちらかといえば海のほうがなじみがある。でも、釣りはじれったい感じがして好きになれない。

美術館にも行かない。あの巨大な建物に、人が少ししかいないのを見ると不気味な感じがする。旅行をするのは嫌いではないが、自然豊かな場所でのんびりしたいとは思わない。撮影所や劇場育ちなので、あんまり空気が綺麗なところに行くと、かえって具合が悪くなってしまう。

かといって、インドアの趣味もダメだった。夫婦で将棋を指せれば楽しいかと思ったが、段を持つほどの腕前の夫にコテンパンにされ、心が折れた。母は絵描きだったが、私が描けるのは下手くそなマンガくらいだ。

そんな私も、歳をとって仕事が少し落ち着くと「そろそろ趣味を持ったほうがいいのかな」と思うことは何度もあった。けれど、いろいろ考えてはみるものの、結局、これといったものは見つけられない。

でも、近頃はこう思うようになった。無理をして、特別な趣味を持たなくたっていいのだ。

毎日の楽しみといえば、深夜に放送されている映画を見ることくらいだろうか。

やはり全盛期のハリウッド映画はけた違いに面白い。

興味もないのに、現在放送されているドラマを追いかける必要はない。昔と比べれば薄っぺらな感じがするし、見ていてもよく分からない。自分が見て楽しいものだけを、見ていればいい。

パソコンやスマホがいくら流行っていても、苦手なら触れなくてもＯＫだ。他人からは「明治生まれか！」と言われるが、気にしない。私だって昔はテープ編集も得意で、編集機材をよくいじっていた。

ところが、デジタル化が進んだ結果、どんな作業が行われているか分からなくなり、つまらなくなってしまった。昔にしがみつくセンチメンタリズムは嫌いだが、インターネットに無理についていかなくてもいい。

プロ野球の巨人戦もよく見ている。昔は球場に行くこともあったが、今は難しい。でも、テレビで見たほうが一つ一つのプレーがはっきり見える。

巨人の選手とは昔から仲がよかった。長嶋茂雄さんたちと銀座を飲み歩いていたときに、こんな出来事があった。

横断歩道を渡ろうとしたら、突如、車が突っ込んできた。私は間一髪、避けることができたのだが……長嶋さんはお得意のスライディングで、いちばんうまく回避していた！

「私のこと守ってくれないの？」なんて言って笑い合ったものだ。

少し脱線してしまったが、疲れてしまう趣味を、わざわざやる必要はないのである。他人から見ればささやかな楽しみでも、自分が満足できればそれでいい。

ヒント 15

花を生けると暮らしが華やぐ

毎日の暮らしに張り合いを持たせてくれるのは、ちょっとしたお花だったりする。花が好きだった母は毎日部屋に花を飾り、その花を油絵で描いていた。そんな母の背中を見て育ったので、自然と私も花を生けるようになった。

それに女優というのは花をもらうことが多い。いただいた花束をばらして自分なりにアレンジして飾っているうちに、花は生活のなかで、なくてはならないものになっていった。

といっても、「華道」のように格式張る必要はないし、わざわざ「フラワーアレンジメント」を習いにいくこともない。自分流に花を生けるだけで、生活はぐっと華やかになる。

今はマンション暮らしなので、庭で花を育てることができない。外で買ってくるのだが、花屋まで行かなくともスーパーに行けば小さな花束が売っている。安いものだと一つ三百五十円くらい。高くとも七百円も出せば買える。そういう花束を、食料品を買いがてら買ってきては、アレンジして飾って楽しんでいる。

前の家のときは、私の腰くらいまである大きな壺に、ヒマワリやグラジオラスなど背の高い花を豪快に飾っていたけれど、マンション暮らしにはもっとささやかな花、ささやかな飾り方が映える。ちなみに私の好きな花のベストスリーは、ガーベラ、カスミソウ、マーガレットだ。なかでもいちばん好きなのは、白いマーガレットである。

花瓶を選ぶのも楽しいが、たくさんあるお酒の空き瓶も活用できる。日本酒の一合瓶などはなかなかお洒落だ。流れるようなシンプルなフォルムの無色透明の一合瓶は、一輪挿しにぴったり。季節の花を一輪挿して、玄関の棚や食卓やトイレなどに飾れば、都会のマンションに四季が訪れる。

ある日、空き瓶をトイレのタンクの上に、横一列に六本並べて、赤いカーネーションを一輪ずつ入れてみた。

「見て見て、カーネーションのラインダンスよ」

夫に見せたら、彼は一言。

「ずいぶん飲んだんだね」

時々、何か新しい趣味でもやってみようかという思いつきが、頭をよぎることもある。でも、毎朝起きて花を生けて、新聞を読んで、テレビを見て、せかせか家事や仕事をしているうちに日々は過ぎていく。

花を生けながら、私はいつも母の言葉を思い出している。

「お花ができるだけ長生きできるように、毎日お水を替えなくてはいけません。それでもお花は枯れます。枯れたお花をいつまでも挿したままではお花がかわいそうでしょう。だから、『楽しませてくれてありがとう』とお礼を言ってから捨てるように」

母の教えを守り「ありがとう」と声をかけながら枯れた花を捨て、新しい花を挿す。そんな毎日が、歳を重ねるごとに愛しくなっていく。

ヒント 16 八十歳を超えたら、パステルカラーを着よう

「いくつになってもお洒落に綺麗にして、楽しく生きなさい」

母にそう言われて育ったからか、私も小さい頃からファッションが大好きだった。

しかし歳をとると、つい毎日同じような地味な格好で過ごしてしまう人が多いようだ。普通にしていてもなんとなく薄汚く見えてしまうのだから、若いとき以上に身だしなみには注意を払わなければならない。

最も重要なのは、同じ服を続けて着ないことだ。

コロナで外出の機会も減ったので、同じ服を一週間着ていても構わないのだが、私は毎日違う服を着る。「今日はお日様が照っているから、この色が映える」と

か、気候や空の色に合わせて、洋服に帽子、アクセサリー、靴、バッグ、マニキュアの色まで、すべてをまとめて決めていく。毎日どころか、一日のうちに着替えることもある。

夫にいたっては、なんと私以上に頻繁に服を替えている。かつて一日に何曲も曲を作っていたときは、曲ごとに服を着替えていた。気分が変わって、作曲に集中できるのだそうだ。

服の「色」についても、気を抜いてはいけない。

若い頃はシックな色ばかり着ていたが、歳をとると似合わなくなってきた。六十代後半のある日、最高にお洒落なはずの紺のブレザーを着て鏡の前に立ったときの違和感は今でも覚えている。まるで若作りをしているように見えたのだ。

多用していたベージュも、なんだかしっくりこなくなった。着ると表情も肌も沈んで見える。白人のおばあさんは肌が白いので、ベージュが肌に映える。一方、日本人のおばあさんは肌のベージュ色がくすんできたところにベージュの服を着るので、くすんだ感が強調されてしまうのだ。

モスグリーンも絶対ＮＧ。若い頃はよく着たけれど、今は自分が枯れ葉色。ベージュ以上に悲惨なことになってしまう。グレーも地味な色なので、うまく使わないと暗い雰囲気を醸し出すことになる。

では、どんな色の服を着ればいいのか。

オススメしたいのは、パステルカラーだ。ある年齢を超えると、淡い色合いが優しく寄り添ってくれるようになる。淡いピンク、空色、イエローなど。こうした色は白髪にもよく映える。イギリスのエリザベス女王も、八十歳を過ぎてからイエローや紫がかったピンクをよく着るようになったそうだ。

そうした服は、見る人を楽しませてくれるのもいい。パステルカラーの色の服を着て人に会うと、まず「まあ、綺麗な色」と声をかけてもらえる。服に関心が行くので、しわだらけの顔をまじまじと見られなくてすむという効果もある。ただしどれほど綺麗な色でも、何色も合わせるのは禁物。色はできるだけ二色までにおさえたほうがすっきり見える。

洋服は「形」も大切だ。

歳をとっても相変わらずやせっぽちの私なのだが、ウエストまわりに贅肉がついてきた。このお腹まわりをうまくカバーすることがお洒落のコツである。

基本はゆったりとしたルーズなものを選ぶこと。Tシャツだったら、ワンサイズかツーサイズ上のものを選ぶ。ワンピースだったら、昔のサックドレスのように全体的にストンとして、少し裾が広がっているものがいい。背中に「はみ肉」がある方でも、ゆったりとした服なら、それを隠すことが可能だ。

歳をとってもかちっとした服を着るためには、イギリスの前首相テリーザ・メイ氏のように体全体のスタイルを保つ必要がある。それは普通の人にはなかなかできないこと。背伸びをせず、ゆったりとしたラクな服がいちばんだ。

靴もまた悩ましい。七十歳を過ぎても十センチのヒールの靴を履いていた私だが、さすがに骨折をした後は無理。スニーカーやペタンコのバレーシューズタイプの靴ばかりになってしまった。それでも、洋服の色やデザインに合わせて、ペタンコはペタンコでもお洒落なものをチョイスしている。

髪型は、七十歳のときにベリーショートにした。

歳を重ねるにつれ、顔や体の部品は下へ下へと垂れていく。顔の両側に長い髪がぶらさがっていたら、その髪に引きずられるかのように、顔はさらに下垂して見える。それをショートカットにすれば、顔まわりがすっきりして、明るく見え、顔自体が少し上がったように感じられる。

手入れはラクだし、イヤリングやネックレスなどが映えるし、いいことだらけだ。ちなみにアクセサリーは基本的にプラスチック製で、身の丈に合わない高価なものは着けないようにしている。

若い人のロングヘアは髪に艶があるから素敵だけど、ぱさぱさの白髪のロングヘアというのは手入れをきちんとしないと、ヤマンバみたいになってしまう。だからといって、黒々と染めるのもどうかと思う。染める手間もその後のケアも大変だ。結局、白いほうが自然でお洒落な感じがすると、私は思っている。

お洒落に気を遣うことは、若い頃の美しさにしがみつくこととは違う。私はシャンプーや化粧品にはまったくこだわらないし、女優なのにエステなんかにも行かない。

大事なのは、自分がどう見られているかを意識することだ。くたびれたおばあさんには見えないように、出かける前は鏡や窓ガラスを見て自分の姿をチェックする。

よし、今日のコーディネートもバッチリだ！

ヒント17
ペットとの別れを乗り越えて

「ねえ、あなた海苔食べる？」

こう尋ねると、ハッチは「ニャーン」と鳴いて、身を寄せてくる。

「お仕事に行ってきますよ」

仕事に出るときは、しじみに声をかける。

すると必ず「フニャーン」と返事をしてくれる。

最近の日々は、夫と会話するよりも、二匹の猫と話す時間のほうが長いかもしれない。「握手をしましょうねー」と話しかけてじゃれ合ったり、変な鳴き声を出していたら、「急にニャアニャア言い出して、あんたどうしたの？」なんて聞いてみる。

猫と過ごす時間が、私の暮らしにゆとりを生んでくれているのかもしれない。

私が生まれて初めて飼った動物は、金魚だった。

五歳くらいのときだったと思う。金魚鉢に入っている金魚を見て「冬なのに冷たい水の中でかわいそう。暖かくしてあげよう」とポットのお湯をじゃぼじゃぼ入れたことがある。急に金魚たちがぐるぐると金魚鉢の中を泳ぎ回ったかと思うと、お腹を上にして浮き上がり、そのまま動かなくなってしまった。

そんな私に父は言った。

「私が教えなくて、悪かった。金魚は冷たい水の中でないと生きられないんだ」

これが私にとって初めて体験した「死」だった。さっきまで元気だった金魚との突然の別れに驚き、涙を流した。

以後、現在にいたるまで、家に動物がいなかったことがない。どちらかというと猫より犬のほうが好きなので、犬がいた期間は長い。結婚後は、大型犬のゴールデンリトリバーとラブラドールリトリバーの二匹と暮らした。二匹とも十八歳まで長生きしたので世田谷区から表彰されたこともある。人間でいうと「百歳万歳！」のような賞だ。自分が賞をとるよりもよほどうれしかった。

しかし歳をとってからは、犬を飼うのは難しくなる。毎日散歩をしなければならないのは大変だ。とくに大型犬は力が強いので、引っ張られて転びそうになって危ないだろう。

そこで二匹の大型犬が相次いで死んでしまった後は、猫を飼うことにした。

猫であれば、どんなに大きくて太っていても、たかがしれている。じいさん、ばあさんでも抱き上げることができるだろうし、放っておけば勝手に出かけていって、お腹が空いたら戻ってきてくれる。

かわいいし、よけいなことは言わないし、大きな声で吠えるわけでもない。マイペースなところもいい。夫や子どもと過ごすよりずっと気楽だ。

なによりエサをやったり、トイレの始末をしたりと、自分が世話をしないとダメな存在がいることは、自分が生きる支えにもなる。

まだ一軒家に住んでいた頃、家のベランダで野良猫が五匹の子どもを産んだ。かわいい順にもらわれていったが、最後に残った「おへちゃ」をうちで飼うことにした。危うくみなしごになりそうだったから、「みなしごハッチ」からとって、名前をハッチにした。オス猫だ。

ハッチを飼って三年が経った頃、犬を飼っているときからお世話になっていた動物病院の院長さんから「神津さんの家で飼ってもらえないかなあ」と頼まれたのが「しじみ」。その病院の前で捨てられていたのだ。顔の模様が貝のしじみに似ていたので、しじみという名前にした。大きくなったら、アサリかハマグリに変えようと思ったのだけれど、いまだにしじみのままだ。

私に残された時間は、そう長くはないだろう。だから、ハッチとしじみを人生最後のペットにしようと決めた。もし私が亡くなれば、子どもたちに引き取ってもらう予定だ。

反対に、愛しい猫たちに先立たれる可能性もある。これまで何匹もの動物たちとお別れしたが、そのたびに「どうやって立ち直ればいいのだろうか」と苦しんだ。仕方がないさ、と言ってもつらいものはつらい。

せめて心の健康を保つために、私は「人生はドラマだ」と思うことにしている。父や母との別れも、生き物との別れも、いつか必ずやってくる。どうあがいたって避けられない。でも、悲しいシーンが終わると、人生というドラマは次のシーンに移っていく。また新しい日常を生きていかなければならない。

だから、ハッチやしじみが家族同然だったとしても、過去にしがみついてお墓まで作ることはしないだろう。寂しいけれど、新たなペットを飼うこともない。ペットを飼えないという方も同じだと思うが、野良猫だったり、子どもの飼っているペットをかわいがって、なんとかやっていくはずだ。

老いていく自分自身を、そしてこの先に待ち受ける人生の終わりを客観的に見ることができるようになったのは、〝女優〟という仕事を長年続けてきたからかもしれない。

残りの人生は長くない。つらいこと、嫌なことはうまく受け流し、うれしいことをオーバーに感じよう。

「メイコさんには、あんまり悲しいことなんてないんじゃないかな」

うちの猫に聞けば、きっとこんな答えが返ってくるはずだ。

ヒント 18

腰が曲がっても、物忘れをしても、ポジティブに

若いときは記憶力がよく、芝居の台詞を覚えるのも早かったが、最近は日常生活において物忘れが多くなった。

「ねえ、私が好きだったあの俳優さん、なんていう名前だっけ？」

「僕に聞かないでくれ。僕だって、自分の好きな女優の名前が思い出せないんだ」

夫婦ともに、物忘れに悩まされている。

娘のカンナに電話をするときもドキドキだ。

「もしもしカンナ？」

その声音《こわね》でピンとくるのだろう。

「何おどおどしているの。大丈夫よ。今日が初めての電話だから」

娘に電話したことを忘れて、同じ用件で何度も電話をすることもしばしばだ。

こういう状況になって、若い頃の記憶力というものはたいしたものだと改めて思う。仕事のスケジュールにしても、何月何日にどこで誰とリハーサルなんてことは一度マネージャーに言われれば、忘れなかった。

きっと記憶力という陸地が、年齢という波に毎日少しずつ削られて、気がついたらこんなことになっていたということなのだろう。

しかしだからといって、気にやんだりはしない。物忘れを自覚しても、「ああ、来たか」と思うようにしている。きっと監督のように空から見ている神様が「もう頑張って覚えなくていいよ」と言って、采配をしているのだろう。だから、しょうがない。

それなら、老いを面白がったほうがずっと幸せだ。

忘れられない記憶がある。

ある日、田舎道を歩いているとき、腰が直角に曲がっているおばあさんが野菜を売っているのに出くわした。

「大変ですね」

そう声をかけると、意外な答えが返ってきた。

「便利よ。地面に落ちているものを簡単に拾えるもの」

腰が曲がったらつらいだろうというのは、こっちの思い込みだったのだ。身体や頭が思いどおりに動かなくなるのは仕方のないこと。でも、考え方ひとつで、老いは哀しみにも、喜びにもなる。

こんなこともあった。

ある日、老眼鏡が見当たらないので探し回るハメになった。家の隅々まで調べてみるが、出てこない。

ところが、諦めかけたそのとき、なんと冷凍庫の中から凍った老眼鏡が出てきた。びっくり仰天、思わず大笑いをしてしまった。

猫にエサをやったかどうか忘れてしまうこともしばしば。

「エサあげたよね。あげてない？　ごめんね」なんて、猫とやり取りするのも愉快で楽しい。

つらい思い出や、厄介ごとも、すべて忘れてしまおう。それが、老いていくということの素敵な道のりなのだ。

昭和32年、東京・麻布の
鳥居坂教会で結婚式を挙げた

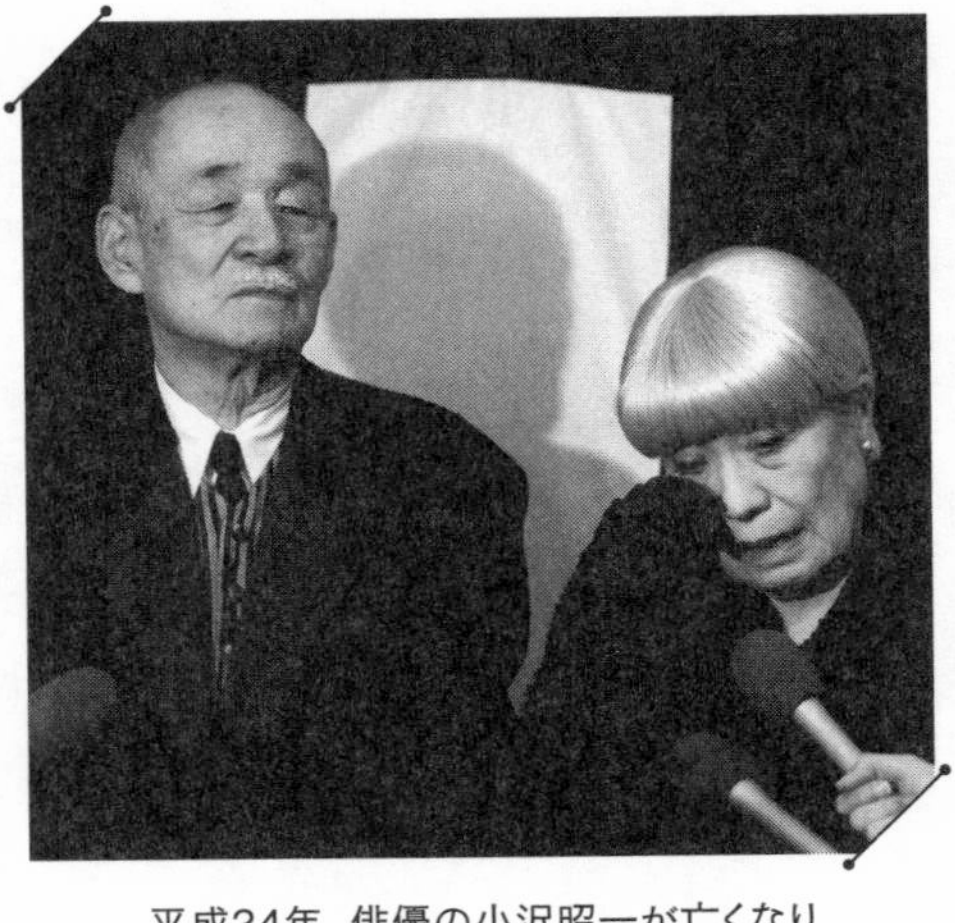

平成24年、俳優の小沢昭一が亡くなり
夫婦で通夜に訪れた

第3部

大切な家族とも、距離をとって生きる

ヒント 19

結婚五十年、夫婦が辿り着いた程よい距離感

朝四時、朝日が昇る前に自然と目が覚める。

睡眠時間は三時間と短い。忙しかった子役時代からの習慣で、短時間集中して寝れば大丈夫な身体になってしまった。

寝室は夫と一緒で、シングルベッドを二つ並べて寝ている。べったり同じベッドで寝る必要はないが、同じ部屋にいれば、いざというときに互いの異変に気づける。神津さんのいびきが変で、病院に行ってみたら血圧が異常に高いことが判明したこともある。

四時半頃、テレビをつける。小さな音量で小学生向けの算数や理科の番組を見る

のだが、学校にまともに通えなかった私にとってはこういった番組がかえって新鮮に感じられる。

その後、遅起きの夫を起こさないようにベッドを抜け出し、猫の世話をする。ハッチとしじみにエサをやって、「今日も元気かい？」なんて会話をする。

そのうち夫が起きてきて、朝食の支度をしてくれる。一緒に食べて、片付けを済ませると、夫はすぐに自分の部屋にこもってしまう。

一方、私は仕事がある日は午前中には家を出る。たまたま仕事がなく家にいる日は、本を読んだり、音楽を聴いたり、猫と遊んだりして自由きままに過ごす。楽屋にいるような気分になって落ち着かないので、自分だけの部屋を持ったことがない。たいていリビングのソファやキッチンのテーブルでのんびりしている。

夫と次に顔を合わせるのは、夕食のときだ。朝食から半日ぶりに、食事をしながらおしゃべりをする。こんな具合だから、一日のうちに夫と一緒にいる時間は三時間にも満たないのではないだろうか。

しかし、これくらいで十分だ。というより、これくらいにとどめておいたほうがいい。夫が定年を迎えると、夫婦一緒にいる時間が長くなる。やることがなくなった夫が「ぬれ落ち葉」のように妻にまとわりつき、夫婦仲が険悪になってしまう家庭もあるようだ。

でも、忘れてはいけない。

どんな夫婦だって、結局はそれぞれ独立した人間だ。一緒にいても、互いを当てにせず、それぞれ別々の暮らしを持っていたほうがいい。

夫と出会ったのは、まだ十八歳の頃だった。当時私は忙しさのあまり一日一時間半しか寝られず、ノイローゼになりかけていた。

女優という仕事の重荷に耐え兼ねて、自殺をしようと海に身を投げたこともある。ところが、私は泳ぎが得意だったので、自然と身体が動いてしまい死にきれなかった。マンガのような話である。

海岸でぐったりしている私を見つけてくれたのは、徳川夢声さんのお嬢さんだった。彼女は誰か助けてくれる大人に連絡しようと考えたが、両親や、事務所関係者に知られれば大騒ぎになってしまう。

そんなとき、たまたま私のポケットに入っていたのが、神津さんの連絡先が書かれたメモだった。まだ付き合ってもいない頃で、何かの仕事で共演したときに連絡先を教えてもらったのだと思う。私は「この人だったら大丈夫」と思い、夢声さんのお嬢さんに頼んで連絡してもらったところ、神津さんはちゃんと海まで迎えに来てくれた――。

芸能界の華やかなスターに囲まれて育った私にとって、神津さんは「普通の人」だった。しかしだからこそ、一緒にいて落ち着くこの人を選んだのだ。

あれから六十年以上が経った。運命で結ばれていた二人も、これだけ一緒に過ごせばお互いに期待することもなくなってくる。

それこそ結婚したての頃は、派手な夫婦喧嘩をしょっちゅうしていたものだ。ネグリジェのまま家を飛び出し、鉄橋の上で泣いていたら、自殺と間違われて補導されたこともある。

しかしだんだんと、いい意味での「距離のとり方」を学んでいった。夫は仕事柄、綺麗な女性歌手の方々が近くにいることもあり、よくモテた。浮気だってしていないとは言い切れない。

私は夫が女性に囲まれていても、見て見ぬふりができるようになった。もともとモテない男は嫌いだし、浮気ができるくらいでないと、いい曲は作れないと思っている。

とはいえこれまでに、まったく離婚を考えなかったわけではない。

姑との同居を始めたときが、いちばんの危機だった。仕事と生活の疲労とストレスで気持ちの余裕がまったくなくなり、いつ夫に離婚を切り出そうかと考えていたのである。ところがちょうどそのときに、夫に「もう一人、子どもを作ろう」と言われ、先手を打たれてしまった。

どんな夫婦でも、さまざまな危機を乗り越えてきたから、今がある。子どもが巣立ち、落ち着いた頃になって、わざわざ離婚するのはもったいない。

夫の定年後、日がな一日顔を合わせていれば、相手のクセが気になったり、ちょっとした意見の食い違いに腹が立つこともあるだろう。昔の嫌なことを思い出したりして、言い争いになるかもしれない。

顔を見るのも嫌になって、どちらかが家を出ていくなんてことになりかねない。主婦として頑張ってきた自負がある昔の日本風の奥さんほど、熟年離婚を考えるのも仕方ないとは思う。

でも、若い頃のようにお互いのことを思い合う必要なんてないのだ。それならつかず離れず、バラバラに暮らしながら、一緒にいればいい。

うちのバスルームにはタオルをしまう棚があって、神津さん用と私用に色分けして積んである。でも時々、これがぐちゃぐちゃになっていることがあるのだ。これはどう考えても夫の仕業だが、目をつぶることにしている。相手に嫌なところやダメなところが多少あったとしても、今さらどうしようもないと諦めれば、すっと楽になる。

たまに外食するときも「お父さん、ほらお醤油」なんて無粋なことはしない。あくまで独立した二人の人間として、一緒にいるのだ。

「あの俳優さん、いくつになってもカッコイイわね」なんて心の中で浮気しても、夫は怒ることはない……。というか、夫はそんな私のつぶやきを聞いてすらいないのだが。

ヒント 20

目標は、夫を一日一回笑わせること

若いときはちょっとした気負いや見栄もあって、夫婦で話をしていてもどこかギクシャクするところがあった。それに夫は無口なほうで、ほうっておくと、ニコリともしない人だった。

「黙ってないで何かしゃべって」

「平治の乱で源義朝は……」

まったく噛み合わない夫婦の会話に、よくこれまでやって来られたものだなあと思う。

夫の定年後、夫婦で過ごす時間が多くなった人の中には、同じような悩みを抱えている方も多いのではないだろうか。仕事熱心な夫と、家庭で子育てに全力投球してきた奥さんほど、二人になったら何を話せばいいのか分からなくなりがちだ。

　しかし私は、枯れてきて初めて自然に会話ができるようになった。巨人戦や相撲、私はよく分からないが政治や経済についても気楽に話せる。ついついシリアスになりそうなときも、現実からあえて目を逸らす。たとえば、こんなふうに……。

「ねえねえ、誰かが宇宙旅行に連れていってくれるって言ったら、あなた行く？」

　夫が乗ってくればしめたものだ。

「そうだなあ、連れていってくれる人にもよるかなあ」

「たしかにそうね。それに宇宙といっても行く場所によるわよね。私は金星がいいと思うな」

　実際に旅行に行くことが難しくても、夫婦ともども意識は宇宙の果てまで一瞬で飛んでいける。お金も一円もかからないし、お得な楽しみだ。

ただし、言葉遣いだけは気をつけたほうがいい。老いると自分が抑えられなくなってわがままになりやすい。そういう自分にはなりたくないから、人への思いやりや言葉遣いになおのこと気をつけている。

日々の生活の中でも、言い方ひとつで相手の反応が違ってくる。

「あなた、ごはんにする？」という一言でもぶっきらぼうに言えば、せっかく美味しい料理を作っても台無しだ。

一方の夫も、私が作った料理が妙な味でも絶対に「不味《まず》い」とは言わない。その代わりに「なるほど」と言う。「なるほど、こういう煮方もあるのか」なんて言って、頷《うなず》くのだ。人を傷つけないうまい言葉だと感心した。

思えば夫は昔から、こういった言い回しが上手だった。新婚当時はスーパーなどなかった時代で、私はワカメをどこで買うのかも分からなかった。麹町三丁目をさまよい、なんとか辿り着いた乾物屋で手に入れたワカメをとりあえず水につけた。

すると、何倍にでも増えるではないか！

驚いた私に神津さんは「当分、ワカメの味噌汁は食べたくないなぁ」と言った。怒ることもせず、笑い話にしてくれたのだ。

感情的な言葉を相手にぶつけるのはよくない。頭にくることがあっても、相手に当たったらダメ。一人になって、小声でバカヤローと言えばいい。

生前、父はこんなことを言っていた。

「私は、財産というものは何ひとつ残してやれないが、これだけは覚えておいてほしいと思う。キミの父親と母親は、『嫌な人だった』と言う人が誰一人いないように生きてきた」

忘れっぽくなっても、愛されるかわいいおばあちゃんでいる。それが私の目標だ。

普段から丁寧な言葉遣いを心がけていれば、夫の笑いをとることだってできる。

「メシねえかな。腹へっちゃったよ」

わざと乱暴な言葉を使えば、夫は面白がってくれるのだ。こんなふうに、一日一回、夫を笑わせるのが今の私の目標になっている。

物真似も、子どもの頃からの大得意だった。ただ夫は最近あまりテレビを見ないので、芸能人の真似をしてもあまりウケない。仕方がないので北朝鮮の女性アナウンサーの真似をしたら、笑うどころか「キミって、そういうことが本当にうまいね」とまじめな顔で感心されてしまった。

私は喜劇役者なので、笑ってくれたほうがありがたいのだが。

ヒント 21

介護が始まっても守りたい、夫婦の「三十八度線」

「旦那様のお出かけよ。メイコさん、どこにいるの！」

姑の声に急かされながら、私は慌てて玄関に向かう。夫のその日の服装に似合うように、茶、黒、紺、白の四足を靴箱から出して、きちんと並べる。どれも姑の手によってピカピカに磨き上げられたものだ。

「じゃあ、今日はこの靴にするよ」

「いってらっしゃいませ」

大きな家に住んでいた頃は、こんな光景が日常茶飯事だった。以前の夫は生活のことは何ひとつできず、過保護な姑と私がすべてやっていた。

ところが第2部でも書いたように、私が骨折してから夫は変わった。料理も、洗濯も、掃除も、すべて自分でできるようになった。今や私よりきめ細やかに家事ができる。

そうなってくると、日々の生活においてお互いの領分に入る必要もなくなってくる。私は神津さんの部屋の掃除は一切しないし、私物にも手を触れない。「こんな古い靴捨てればいいのに」なんて思ったとしても、何も言わず、勝手に処分することもない。

私たち夫婦にとっては、それがちょうどいい。

しかしこれから先の人生では、自分のことを自分でできなくなるかもしれない。足を悪くして歩けなくなる人もいるし、認知症になって自力で生活できなくなる人もいる。介護が必要になる日だって、そう遠くはないはずだ。

夫婦が互いに助け合うにしても、甘えすぎてはいけないと思う。「ここまでは夫に、妻にやってもらうけど、ここから先は自分でやる」と決めないと、お互いが生活を続けるのがつらくなってしまうからだ。

たとえば私たち夫婦は六十年以上一緒にいるが、相手の前で着替えをすることができない。裸を見せるのが恥ずかしいし、「男だからパンツ一丁でいい」なんていう人を私は好きになれない。

「あなたは私の着替えを見ないで偉いわね」なんて言うと、夫はいつもこうやって切り返す。

「キミの裸なんて見たかねえよ」

他人行儀なのかもしれないが、夫婦が守ってきた「三十八度線」は、人生の最後まで踏み越えないほうがいいと思うのだ。

私はメイクをしている姿も、夫に見せないようにしている。つけまつげを付けている姿を見たら、夫も怖がってしまうはずだ。

お互いの「口の中」についても、何も知らない。歯医者さんに行ったときに「ご主人の入れ歯の具合はいかがですか？」と訊かれて初めて、神津さんが総入れ歯にしたことを知ったくらいだ。

だから、もしお互いの介護をすることになっても、下の世話まではしたくないし、してほしくない。冷たいと思われる方もいるかもしれないが、それが私たち夫婦のやり方だ。

踏み込んだ介護が必要になったときは、妻である私ではなく、プロのヘルパーさんなどにお願いしようと思う。他人だからこそ、任せられることは多いはずだ。

ヒント 22

子どもたちは、いつの間にか立派に育っている

コロナ禍真っただ中の令和三年春、長男の善之介《よしのすけ》が、スペインから帰ってきた。伊勢丹のアートギャラリーで個展を開くためだ。

クレヨンで好き勝手に絵を描いていた長男がスペインに渡り、こんな立派な絵画を描くようになるなんて……。小さかった子どもが遠くに行ってしまったのは少し切ないけれど、やっぱりうれしい。

私には子どもが三人いる。長女のカンナ、次女のハヅキ、長男の善之介の三人だ。私は五月生まれだったので、英語の「Ｍａｙ」からとって、「メイコ」という芸名を付けてもらった。同じように「神無月」に生まれたから長女はカンナ、「葉

月」に生まれたから次女にはハヅキという名前を付けた。息子は十二月生まれだったので「シワス」となるが、それはさすがに変だろう。結局、夫の名前から「善」の字をとり、「男の子だからお侍みたいな名前がいい」という私の要望を合わせて「善之介」とした。

小さい頃から意識していたのは、子どもたちを一人の人間として尊重することだった。

長女のカンナは幼稚園の頃、「カンナのジーパンが泣いてる。ママのブラジャーも泣いてる」と言い出した。見ると、庭に干した洗濯物からぽたぽたと雫が垂れている。でも私は、「あれは涙じゃなくて雫なのよ」とは言わず、「ほんとだ。洗濯物が泣いてるね」と娘の言葉を肯定するようにした。涙ではなく雫であることには、自分で気づけばいい。

その感性を生かし、カンナは作家になった。小さい頃に自分で作った詩集がまとまったときには、三島由紀夫さんに読んでもらった。

〈噴水さん、噴水さん、あなたはどうしていつも飛び上がっていて、疲れないの？

カンナがお空だったら、つり革をぶら下げてあげるのに〉

この詩を読むと、三島さんはぽたぽたと涙をこぼし始めた。そしてこう言った。

「よくこんな詩が書けたね。私も今、つり革が欲しい」

三島さんが市ヶ谷で自殺したのは、その三日後のことだった。カンナは、物書きとして生きていく不思議な運命を背負っているのかもしれない。

一方、次女のハヅキはかわいい洋服や人形が大好きで、好きな色はピンクとオレンジ。しかも子どもの頃から妙な色気があって、夫のコップに「はいどうぞ」とビールをつぐ様子など実に様になっている。ハヅキは女優になり、俳優の杉本哲太さんと結婚、二人の子どもの母親にもなった。

娘婿との関係がうまくいかないという人もいると思うが、うまく付き合うコツは深入りしすぎないことだ。たとえば私の誕生日祝いのときの、哲太さんとの会話はこんな具合だ。

「お誕生日おめでとうございます」

「ありがとう、哲太さん。今度たけしさんの映画に出るのね。面白そうだから見るわね」

「あっ、はい」

たったこれだけでも十分だ。

なにより私は、哲太さんを俳優として尊敬している。非常に個性的であり、アップに堪えて表情ひとつ動かさない。それが彼の演技に迫力を与えている。時流に媚びない彼の生き様には、同じ芸能界の人間とはいえ、口を挟むような野暮なことはしたくない。

カンナは私が二十四歳、ハヅキは二十八歳のときの子どもだけれど、長男の善之介は三十八歳で産んだ。夫も姑も「神津家の跡取りができた！」と大喜び。歳をとってから生まれた男の子なんて、周囲がちやほやして、甘えん坊のダメ男に育つことは目に見えている。私は厳しい母になろうと決意した。

小さい頃から家事を手伝わせ、同時にレディーファーストの意識を持つようしつけた。姉二人は幼稚園から私立だったが、息子は小学校、中学校とも公立に通わせた。でも今は、夫婦ともに「男の子に家を継いでほしい」という考えはない。

三人の子どもを育てるうえで決めていたのは、十八歳で家から追い出すことだ。

長女のカンナは高校を卒業後、十八歳でニューヨークに渡り、サラ・ローレンス大学で学んだ。次女のハヅキも、高校卒業後にニューヨーク大学に留学した。

善之介は高校三年のときに家族旅行で訪れたスペインに魅せられてしまい、マジョルカ島の画家J・トレンツ・リャドに直談判して、弟子入りした。これにはさすがに驚いたが、弟子になって六年あまりでスペインの権威ある絵画展、バルセロ財団主催の「国際絵画展」に最年少で入選を果たしたのはあっぱれだ。

子どもたちの進路について、私にしろ夫にしろ、意見をすることはなかった。とはいえ十八歳で海外に出すときはさすがに心配だった。「不慣れな土地で病気になったら、どうしよう」と心配していると、夫がぽつり。

「大丈夫だよ。少なくともキミよりも子どもたちのほうがしっかりしているから」

ヒント 23

「終活」ブームでも、遺言書を書かないワケ

カンナとハヅキは近くに住んでいるので、何かあればすぐに来てくれる。でも、よほどの用事がない限り、滅多《めった》に家に呼びつけたりはしない。彼女たちは彼女たちで生活があるのだから、頼りにするつもりはない。

娘たちとは数ヵ月に一度、顔を合わせる程度。誕生日など、記念日であれば来てもらったほうが賑やかでいいが、あまり頻繁に来られると私が疲れてしまう。

私は社交的に見えるかもしれないが、実は一人でいるのがいちばん好き。家族でさえ近くにいないほうがよく、夜一人でウイスキーを飲んでいるときがいちばんほっとする。

こちらから子どもたちと距離をつめることもしない。以前、ハヅキが留守の間に雨が降り始めたので、洗濯物を取り込んであげたことがある。

するとなんと「鍵あけてうちに入ったでしょ。勝手にそんなことしないでよ。洗濯物なんて濡らしておけばいいのよ」と言われてしまった。思えば私の父も、母の部屋に入るときに必ずノックをしていた。夫婦だろうと、親子だろうと、程よい距離感を保って生きるべきなのである。

ただ、骨折をしてから子どもたちからも「お母さん、何か手伝おうか」と言われることが増えた。ありがたく手を貸してもらうこともあるが、娘たちに介護までやってもらうつもりはない。それぞれの家族があるのだから、同居もしないと決めている。

自宅で暮らしていくことが難しくなったら、老人ホームに入りたいと思っている。見学に行ったこともあるが、決めるのは簡単ではない。

みんなで合唱させられたり、集団でレクリエーションをするのは嫌《いや》。食事もできるだけ一人でしたいし、寝るのも個室がいい。毎日同じ顔ぶれと過ごす生活に自分がなじめるかが心配で、そんなことを考えていると、なかなかここぞという所が決められない。まだ少し時間があるので、ゆっくり探そうと思っている。

自分たち夫婦が亡くなった後のことを考えて、子どもたちに財産をたくさん残したいと思っている人もいるだろう。生前に贈与をして、先にお金をあげる人もいると聞く。

でも、私はそんなことは考えない。遺言書だって書くつもりはない。「終活」が大事だと思っている方からは、「子どものことを考えていない」とか「冷たい」と思われるかもしれない。

でも、遺言書なんて書かずとも、子どもたちに私の生き方や考え方は伝わっているはずだ。お金が少し残っていたら、三人で等分に分ければいい。子どもたちが争うことになるかもしれないと忠告してくれる人がいるけれど、そうなったらなったで、子どもたちで解決するだろう。

そもそも死んだあとに、自分の財産がどう使われるかに興味などないのだ。相続税がどうのこうのと言われても、「お金のことは分かりません」と言って、この世を去ってしまうつもり。

人生の最後に書くとすれば、短い手紙一枚で十分だろう。

〈私の人生は幸せでした。お金はなかったけれど、でも、いろんな方たちと楽しいお付き合いもしたし、よくもして差し上げたつもりですから、私が死んでも、あなたたちにひどいことをする人はいないと思うの。それが、私が残してあげられることです〉

私は舞台の「幕切れ」が大好きだ。それまでお姫様の衣装を着て演じていても、幕が下りれば芝居も終わる。カーテンコールでは、同じ衣装を着ていても、中村メイコとしてお客様に挨拶をする。そのメリハリが病みつきになるのだ。

「ああ、これで帰れる。ゆっくり休める」

カーテンコールの最中は、内心そんなことを考えている。

きっと人生の終わりはそんな感じだろう。「中村メイコ」という役からも自由になれる。後は子どもたちの好きにすればいい。

ヒント 24

厳しすぎてもいけない「孫の叱り方」

孫はやっぱりかわいい。

次女ハヅキには太吉と八重、長男の善之介には宇之介という子どもがいる。初孫は太吉で、彼は子どもの頃から私の誕生日や敬老の日に手紙をくれた。その文章が面白くて、私には楽しみだった。本をプレゼントしてくれることもあった。普段私が読まないようなミステリーや時代小説なのだが、これまたどれも結構面白い。

男の子にしては本好きで、同時にサッカー少年でもあったが、やがてドラムも叩くようになった。身長は百八十センチもあって顔もハンサム。その子も、もう成人した。

父親は俳優の杉本哲太さんなので「パパとどっちがモテる？」と聞くと、「哲太さんには負けるでしょ」などと返してくる。

八重は小さい頃から、ふくれっつらを見せることのない明るい女の子だった。家のこともよく手伝い、娘のいいアシスタントになっていた。親に言いつけられても、嫌だったらしないだろうから、きっと家事が好きだったのだろう。

彼女も父親譲りで背が高く、女の子なのに百七十センチもある。容姿がいいのに、つんとしたところがなく、どちらかというと三枚目で物真似がうまい。まだ彼女が中学生の頃、学校のかくし芸大会でやりたいと言うので、「スーダラ節」を歌う植木等さんの真似を教えたことがあるが、実にうまかった。

善之介の長男である宇之介は、生まれも育ちもスペインなので、日本語はやや怪しい。とにかくサッカーに夢中だ。

宇之介が小さい頃は、里帰りしてくると日本語の絵本を読み聞かせしてあげたものだ。せっかく孫が来たのだからと張り切りすぎて、喉ががらがらになるまで読んであげた。

夫も宇之介には甘い。その昔、息子の善之介とキャッチボールをするとき、夫は難しい球ばかりを投げていた。簡単な球ばかり投げていたのでは、実戦で難しい球が来たときに困るからだ。ところが宇之介相手だと、簡単な球ばかり。「おじいちゃんは意地悪だ」と、嫌われたくないからである。

孫との距離感は難しい。

ベタベタ甘やかすのがよくないことは分かっているが、厳しいことを言いすぎてもいけないだろう。ちょっとしたことで孫を叱ろうとすると、子どもからこう言われる。

「お母さん、今は違うのよ。そういう時代じゃないのよ」

子どものしつけは、あくまで親の仕事。祖父母は口を挟まず、それぞれのやり方を尊重したほうがいい。

お箸の使い方が気になっても、いきなり孫には言わず、子どもに確認をする。「どういうことをしたら、きつく叱っているの？」といったように、子育ての基準を聞いておくのが重要だ。もし「食事の途中で遊ばせない」が親の方針なら、それを破ったときには孫をきつく叱る。

はっきり言って、私たち夫婦は孫たちにとっては口うるさいじじばばかもしれない。それでもいい。じじばばが孫の逃げ場になってはいけない。

一方、誕生日や記念日には必ず贈り物をして、こちらの愛情ははっきりした形で伝えるようにしてきた。小さい頃は洋服をあげていたけれど、大きくなると好みが出てくるから、お金であげることが多くなった。「これで好きなものを買ってね」と言って、封筒やポチ袋に入れて渡すと、孫たちは喜んでくれる。

自分の人生について、孫や子どもたちに話しておくのも大切だと思っている。

私が小学校一年になったとき、この国の小学校は「国民学校」という名前だった。校庭には竹やりが置いてあって、「敵が来たら、これで刺すんだ」と教えられたものだ。

小さいながら「少女スター」だった私は、兵隊さんの慰問であちこちを飛び回った。初めて乗った飛行機は戦闘機、最初に乗った船は潜水艦。特攻隊の人にも会いに行き、アッツ島でも歌を歌った……。

こんな話を孫たちにすると「すげー、歴史上の人物だ!」なんて言って驚いてくれる。質問をされたら、なんでも丁寧に答える。こういった話を伝えることも、去り行く者の務めだと思う。

ヒント 25

厄介な親戚付き合いにも終わりが来る

親戚付き合いが大変だという人も多いようだ。べったり付き合うのは面倒くさいし、かといってまったく付き合わないわけにもいかない。

幸い神津家も中村家も親戚同士の集まりというものはまったくなかったが、冠婚葬祭には呼ばれる。そうした場合は、よほど大切な仕事と重なったのでない限りは出席してきた。

それ以外となると、お中元とお歳暮くらいだ。我が家が贈るお中元とお歳暮は、今でこそ数十個におさまるようになったが、多いときは百個を軽く超えていた。

一人一人に合ったものを選んでいたら大変なことになってしまうので、去年は

「石鹼」、今年は「調味料」といった具合にテーマを決め、みな同額で同じものを贈るようにした。

年賀状は書かない。自分で言うのもなんだが、十代の頃にもらった年賀状が尋常な枚数ではなく、とても返事など書けるものではなかったのだ。それ以来、年賀状は書いていない。

その代わりに親しい人たちには電話をするようにしている。三が日に届いた年賀状を横に置き、一人一人に電話をかけていくのだ。

「もしもしメイコでございます。明けましておめでとうございます。お年賀状をありがとうございました」

短い挨拶ではあるが、人数が多いので、始めると三時間はすぐに経ってしまう。ただ年賀状よりも私のこの電話がうれしいと言ってくださる方も多いので、毎年続けている。

ということで、親戚との付き合いは冠婚葬祭と季節の贈り物だけ。これくらいドライでいいと思っている。

私の場合、実の両親も舅姑も他界しているが、お舅さんやお姑さんとの付き合いに悩んでいる女性も多いことだろう。

私が姑と同居することになったのは、姑が病気のため一人暮らしが難しくなったからだが、彼女が「メイコさんと一緒だと楽しい」と同居を望んでくれたということもある。

前にも少し書いたが、典型的な明治の女性だったので、とにかく旦那様が第一。

それは私の母もそうだったので、さほど抵抗はなかった。

「旦那様がお出かけになるわよ」「旦那様のお帰りよ」と言われても、それが当たり前だと思っていた。

私は姑のことが好きだったけれど、ストレスがなかったわけではない。いきなり同居というのも大変だろうとまずは同じマンションに二部屋を借りて別々に住み、しばらく経ってから同居した。

その頃、二人の娘は小学生だったから、娘たちの世話をしながら仕事をし、そこに糖尿病を患う姑の介護が加わったのだから、大変だった。

忙しさのあまりノイローゼになりかけたこともあったが、なんとか乗り切った。

お舅さんやお姑さんと一緒に暮らしている女性たちは皆、それぞれに悩みを抱えているはずだ。同居していなくても、たまに会うだけでもストレスだという人もいるだろう。

でも、そんなつらい時間が永遠に続くというわけではない。「苦しい場面」が終わったら、次は「楽しい場面」がやってくるはず。そう信じてみませんか。

平成26年、美空ひばり記念館がオープンし、軽快なトークを披露した。
写真は左から郷ひろみ、北野武、右は加藤和也（ひばりの長男）

第4部

「老いの常識」にとらわれず、自由に死んでいく

ヒント 26

「葬式女優」の理想の別れ方

かつて「葬式俳優」といえば、森繁久彌さんのことだった。平成二十一年に九十六歳で亡くなるまで、芸能界の多くの仲間たちの葬式に、必ず顔を出していたからだ。

今、その役は勝手ながら私が引き継いでいる。コロナ禍で密葬や家族葬が増えたが、以前は知り合いの芸能人が亡くなると、夫とともに葬儀に出席していた。四代目江戸家猫八さんのお別れの会では、「どうぞあちらでも、ハンサムで、根性のある芸で日々をお過ごしください」と弔辞を読んだ。

そんなことを続けているうちに、私も気づけば「葬式女優」と呼ばれるようになったのだ。

これまで出た葬式は、大きくて立派なものもあれば、ひっそりしたお葬式もあった。

世間では、死ぬ前から葬式のことをすべて決めて子どもたちに頼んだり、「遺影はこれ」「最後の言葉は」と準備するのがブームになっている。果ては生前葬を行う人までいるようだが……私は自分の葬式に対する望みは一切ない。

遺影にこだわりを持っていた頃もあったが、今となってはなんでもいい。写真は夫と二人でまとめたアルバムを残してあるので、その中から子どもたちが選べばいいのだ。

「最後の言葉」なんて大げさなものもいらない。

作家だった父が死んだ後、母と二人で遺品を整理していたら、ベッドの下に小さな金庫があって、その中から色紙が三枚見つかった。その一枚には、こんな言葉が書かれてあった。

〈眠らばや　落ち葉を払うことなかれ〉

訳すと「お墓で眠っているのだから、掃除などして起こしてはいけない」。つまり「故人について、あれこれ詮索するものではない」という意味だ。

さすがはパパ、小説はあまり書かなかったけれど、やっぱり作家は違う——。いたく感動したのだが、それから何年か経ってから意外な事実が判明した。

仕事でイギリスにあるシェークスピアの墓を訪ねたら、なんと同じことが英語で書かれていたのだ。まさか、世界一の劇作家の言葉をパクるとは！　最後に残す言葉なんて、これくらいふざけたものでいいのだ。

夫の神津さんは常々「僕の葬儀は密葬にしてほしい」と言っている。仰々しくならず、騒がれることもなく、身内だけでひっそり見送ってもらいたいというのが彼の望みのようだ。

私もこぢんまりとした静かな葬儀でいいのだが、そうもいかないらしい。

二歳八ヵ月で芸能界デビューした私の人生は、日本のテレビ放送の歴史とともに歩んできた。何しろ私は戦前のＮＨＫの実験放送にも出演している。昭和十五年に予定されていた東京オリンピックに向けてのテレビ研究のための放送で、私が出演したのは実験放送テレビドラマ『謡《うたい》と代用品』だった。

砧《きぬた》のＮＨＫの試験場に小さなスタジオがあって、そこからの生放送だった。当時私は六歳。おんぶしてスタジオまで連れていってくださったのは、「朝ドラ」を創設して後にＮＨＫの会長になった、坂本朝一《ともかず》さんである。

私が死んだらすぐに追悼番組を流せるようにと、ＮＨＫではいろいろな映像を集めて待機しているらしい。自分では望んでいなくても、テレビ業界の方々があれこれ動き出してしまうのだろう。

かつては、自分の葬儀をするのだったら、東宝の東京撮影所がいいなと考えていたこともあった。『江戸っ子健ちゃん』でデビューして以来、「社長シリーズ」をはじめたくさんの仕事をしてきた。エノケンさん、古川ロッパさん、森繁久彌さん、高峰秀子さん、杉村春子さん、上原謙さん……東宝撮影所は、懐かしい方々との思い出がぎっしり詰まっている。その撮影所の片隅をお借りして葬儀をあげ、最後に霊柩車で撮影所のまわりを回ったら愉快なことだろう。

ところが、懐かしい東宝撮影所は今や、ぴかぴかの高層ビルに建て替えられてしまった。こうなってしまっては、仕方がない。

死んだときの社会状況にもよるだろうが、きっと青山斎場などしかるべき場所となるのだろう。葬式が開かれるときは私はこの世にいないわけで、残される人たちに任せるしかないのだ。

それでもただ一つ、この人に弔辞を読んでもらいたいという希望がある。

その相手とは、黒柳徹子さんである。

ほとんど学校に通っていない私には同級生の友達と呼べる人はいない。芸能界にも友人は少なく、ひばりさんが亡くなってからは友達と呼べるのは黒柳さんくらいである。彼女は私より一つ年上だけど、きっと私より長生きすることだろう。なぜなら、彼女には旦那さんも子どももいない。そうした相手にエネルギーを浪費することなく、たっぷり温存しているはずだからだ。

徹子さんが葬式会場に来たら、こんな弔辞を読んでくれるはず。「この方は一度も一人で電車に乗られたことがないんです。『Ｓｕｉｃａがあれば電車に乗れる』と聞いて、果物のスイカを持っていれば電車に乗れると思ったそうですよ」。

黒柳さんがこう早口でまくしたてれば、葬儀会場も明るい笑いに包まれるに違いない。

ヒント 27

たくさんの友達と過ごすより、一人が気楽

歳をとると寂しくなって、昔の友達が懐かしく思われてくるものらしい。

私は学校にほとんど通っていないので、級友がいない。だから同窓会というものに出たことがない。それがどういうものなのかもよく分からないのだが、同窓会って楽しいですか?

久しぶりに懐かしい友達の顔を見るのはうれしいかもしれないが、七十歳を過ぎれば大抵の人は引退していて、話題といえば病気や健康の話ばかり。そうでなければかつて働いていた頃の自慢話とか、亭主の愚痴くらいしか話すことはない。始めのうちこそ再会の感動はあるものの、会が進むにつれ期待は幻滅に変わっていくこ

とも多いのではないだろうか。

とくに昔から仲が良かった相手には、当時と同じ気持ちを期待してしまうものだ。しかし、卒業から五十年以上も経っているのに、未だにそのときと同じように自分に好意を持ってくれているなんて、ありえない。ただ寂しさを旧友に会うことで紛らわしたいと思っているのであれば、余計寂しくなるだけのような気がする。

私には、同級生どころか、芸能人の友達もほとんどいない。

幼少期は大人に囲まれて過ごしたし、少女時代は仕事で忙しく一緒に買い物に行ったり、おしゃべりをしたりできる友達は皆無だった。結婚してからは家事と育児に忙しくて、「ママ友」のような存在もほぼいなかった。

友達がいないのは、私の性格がドライだということも影響している。長年芸能界で活動していれば、付き合いも増えてくるし、それなりに親しくなる人もいる。結婚や子育てを経験している私に、悩みを持ちかけてくる人も多い。

そういう人の話は一応聞くけれど、「それで、どうしたらいいと思いますか？」と尋ねられても「それはご自身でお考えになったら」と突き放す。

「メイコさんって、親切そうに見えて、実は冷たいのね」と思われた人もたくさんいただろう。でも、基本的に自分の問題は自分で解決するしかないと思っている。

私を頼ってくれる若い人から同年代の人たちまで、私は誰ともべったりとした友人関係は結ばず、程よい距離をとっている。今の若い人の中には、会ったばかりでよく知らない人とも簡単につながり、友達の数を競う風潮があるようだが、それで本当に人生は楽しいのだろうか。

そもそも私は一人が好きなので、買い物や外でお茶するときはいつも一人。そのほうが気楽だし、性に合っている。

ヒント 28

黒柳徹子さんとの「不思議な友情」

友達が少ない私にとって、唯一の「親友」は美空ひばりさんだった。

前にも書いたが、私たちが知り合ったのはお互い十代の頃、最初の彼女の印象は「大人ぶった気味の悪いやつ」だったが、成人してから仕事で再会して意気投合。ぐっと距離が縮まったのは彼女が小林旭さんと離婚してからだ。

ある日、彼女のお母さんが私のところにやってきて、「あなたは芸能界で仕事を続けながら、結婚して子どもを産んで家庭生活もうまくやっている。どうか今後のひばりのために普通の家の様子を見せてやってほしい」と頼まれたのだ。

それからしばらくして、ひばりさんがいきなり我が家にやってきた。

家に来たことだけでも驚きだったのに、いきなり「今日、泊めて」などと言い出した。その頃はまだ借家生活で、客用の部屋などなかった。するとひばりさんは「三人で寝ればいいじゃない」と、なんと夫と私と三人でベッドの上で川の字になって寝ることになった。しかも彼女は「美空ひばりはいつでもセンターなの」と、真ん中を陣取ってしまった。かわいそうな夫は隣に天下の美空ひばりが寝ている緊張から、その晩は一睡もできなかったそうだ。

それからというもの、彼女はちょくちょく家に遊びに来るようになった。一緒に花街で遊ぶようになり、娘のハヅキがひばりさんに日本舞踊を習うようになりと、付き合いは深まっていった。

もしも彼女が生きていたら、今でも付き合いは続いていただろう。しかし残念ながら、彼女は三十二年も前に亡くなってしまった。

ひばりさんのお葬式、私はこんな弔辞を読んだ。

「私はもう、友達は持たないでしょう。あなたが最高だったから」

その言葉どおり、ひばりさんに代わるような友達は他にはいない。今、親しくしているのは黒柳徹子さんくらいだが、二人の友情の間には程よい距離感が保たれていると思う。

黒柳さんは、絶対にプライベートを見せない人だ。彼女の家に遊びに行ったことはないし、彼女が私の家に来たこともない。二人とも忙しいので、食事をしたりお茶をしたりすることもないし、まして旅行に一緒に行くなどありえない。

電話で話をする程度の付き合いではあるが、私は黒柳さんのことが好きなのだ。

黒柳さんと仲良くなったのは、昭和五十一年に『徹子の部屋』が始まってからだ。もともと私がテレビ朝日で『メイコのごめん遊ばせ』というインタビュー番組を十年くらいやっており、同じようなことを黒柳さんにさせようと立ち上げられた企画が『徹子の部屋』だった。

番組が始まる以前は、私のほうが早くから売れた「スター」だった。後で本人から聞いたのだが、NHK放送劇団の劇団員として下積みを重ねていた頃の黒柳さんは、私のことが苦手だったそうだ。

しかし、だんだんと番組などで共演する機会が増えるにつれて、二人の気が合うことが分かった。私はよく変わっていると言われるが、黒柳さんも変わった人。だから、あれこれ説明しなくても、二人の間だけで分かり合うことができる。

私たちは、どちらも「孤独な女王様」だ。友達とつるんで買い物に行ったり、ぺちゃくちゃと長話などしないのだ。

私がまだ二十代で、ちょうどハヅキを妊娠していたとき、こんなこともあった。銀座でばったり黒柳さんに遭遇した。

「どうしたの？　いつものメイコさんと違うわね」

その当時、胆石で苦しんでいた私は浮かない表情をしていたのだろう。黒柳さんが心配そうに声をかけてくれた。

「実は、胆石が見つかって、もしかしたら手術になるかもしれないの」

私がこう答えると、黒柳さんが急に目を輝かせて一言。

「まあ、胆石！　出てきたら私にちょうだい。今、珍しい石を集めているから」

私も時々常識はずれのことを言って人を驚かせるが、黒柳さんは何枚も上手だ。しかもまったく邪気がない。そこに私は感動するし、信頼を置いている。そんな人は芸能界には彼女しかいない。

『徹子の部屋』には、何度も呼んでいただいている。最近は家族ぐるみで出演し、毎回徹子さんに大笑いさせていただいている。二人の「不思議な友情」はこれからも続く。

ヒント 29

「在宅死」より「病院死」のほうがいい

慣れ親しんだ自宅で最期を迎えたい――。

世の中にはそう考えている人が圧倒的に多いようだが、私は違う。人生のラストシーンはシンプルな病室で迎えたいと思っている。

そのほうが家族は死を受け入れやすいし、後の気持ちの整理もつくからだ。家で亡くなると、そこでまだ私が眠っているような気がして、家族も落ち着かないことだろう。

同居していた姑の最期がまさにそうだった。亡くなった後も彼女の部屋に入ると、最後の日々が思い出されて涙があふれたものだ。家族にそんな寂しい思いはさせたくない。

家は生きている人が元気に暮らしていくところだ。そんな場所に仰々しい酸素吸入器などの機械を持ち込んだり、医者や看護師を呼んだりするのはいかにも不自然だし、家族も滅入ってしまう。

女優ふうに言えば、家というのは人が死ぬための「セット」として似つかわしくない。やはり病院で死んでいくのがしっくりくるし、人生最後の演技のやり甲斐もあるというものだ。

ひばりさんも、最後の日々は病院で過ごした。

彼女が元気な頃に住んでいた青葉台の豪邸には人が頻繁に訪ねてきて、にぎやかでよかった。でも、病を患って一人で過ごすには大きすぎるし、寂しかったに違いない。

私も、最期の場面を迎えるための準備を少しずつ始めている。

まず、「見限りのいい主治医」が必要だ。延命治療など望まないし、「頑張って」などと言われたくない。頑張りすぎず、ありのままに生きることが信条だったのだから、それを貫き通したい。

ただ死ぬ瞬間まで、お洒落でいることはやめたくない。病院のおしきせの寝間着は嫌だ。私の好きな画家のマリー・ローランサンは、薄いグレーのサテンのネグリジェを着て、淡いピンク色のシーツに包まれ、ふわりと死んでいったという。ちょっと気取りすぎていて、私には似合わないかもしれないが、せめて綺麗にマニキュアはしたまま死んでいきたい。

理想は、女優の大先輩、杉村春子さんの死に方だ。二ヵ月半ほど病院で過ごされて、九十一歳で亡くなったのは平成九年の春だった。入院は極秘にされていたのでお見舞いに行くこともできなかったが、亡くなられた後に出版された本で、入院中の様子を知った。

杉村さんは、病院の中でもきちんと綺麗に浴衣をお召しになっていたという。ハンサムな主治医の先生が大好きで、全面的に信頼していた。その先生が学会か何かで日本を一週間離れることになった。出発の前日、主治医は杉村さんの部屋に来て、言った。

「杉村さん、絶対に大丈夫ですからね。担当の医者たちにすべて指示してありますす。お元気で待っていてくださいね」

それを聞いた杉村さんはやおら体を起こすと、「先生、きっと帰ってきてくださるわよねぇ」と、医師の腕をかき抱いた。

「よっ、杉村春子!」という声がどこかから聞こえてきそうだ。人生の最終盤でこんな見事なシーンを演じられるとは！　私も喜劇役者なりのやり方で、見た人が明るい気持ちになるような最期の一幕を演じ切りたい。

ヒント 30

父と母の「見事な去り際」から学んだこと

昭和五十六年に亡くなった私の父も、最期を病院で迎えている。いくつになっても元気で病気もほとんどしたことのない人だったが、ある日体調を崩して入院、一週間もしないうちに亡くなった。

私は仕事で渡米していたため、父の死に目には会うことができなかった。「親の死に目に会えない」ことを不義理だと恥じる人も多いが、私はそうは思わない。

アメリカへの出発直前、父が心配だった私はつい「アメリカに行くの、やめようかな」と言ってしまった。そんな私に、病院のベッドで寝ていた父はこんな言葉をかけてくれた。

「キミらしくないことを言うな。メイコは女優なんだから、きちんと仕事をしてきなさい。また会えるよ」

そのとき、父は背筋を伸ばし、海軍式の敬礼をした。あんなに軍隊が嫌いだった父がそんなことをするなんて。私はなぜかぞーっとした気分になり「ああ、もうお別れなのだ」と悟った。

私の予感どおり、父は私がアメリカに行っている間に亡くなった。その日は自分の誕生日で、ちょうど八十歳になった日に父は亡くなった。母は泣きながら「ハッピーバースデー」を歌って、送ったという。

不思議なことに、人は自らの死期が近いことを悟り、メッセージを伝えることができる。最後の言葉さえ伝えられたなら、旅立つ瞬間に一緒にいたかどうかはどうでもいいことだ。

私の母が亡くなったのも病院だった。亡くなる三年ほど前から、私たちと同居していたが、母は自分でごはんを作り、洗濯もしていた。

ところが散歩中に土手で転びそうになり、手をついたら骨折。それから少しずつ元気がなくなっていった。検査を受けたいというので近くの病院に検査入院をしたら、肺癌が見つかった。年齢を考えると、手術は困難という状況だった。

母は見かけによらず怖がりなので、告知はしないことにした。病院の個室に入れて、病室を綺麗に整え、友達を頻繁に呼んだ。友達が来るたびに缶ビールを開けて、本人も飲んで、小さなパーティのようだった。

入院して二ヵ月ほど経ったある日の夕方、病院から電話があった。「今日がお別れの日になるでしょう」と担当医が告げた。

急いで病院に駆けつけると、母は意識があるのかどうか分からない状態で、目を閉じたまま、フーフー、ハーハー苦しそうにしていた。そんな母を見ていたら涙があふれてきて、あまりの悲しさに言葉が出てこない。何十年も女優を続けてきた私が、台詞ひとつ言えなくなったのだ。

すると夫が後ろからそっと囁いてくれた。

「今まで、どうもありがとう。メイコはママが大好きよ、と言うんだよ」

混乱していた私は、そのまま言葉を伝えた。お医者さんから「あまり長くいるのもいけない」と言われ、病院を出てしばらく歩いたところで携帯が鳴った。

「今、お母様が亡くなりました――」

またしても、私は親の死に目に会えなかった。

でも、こう思うこともある。亡くなる瞬間はあまりに悲しくつらいものだ。だから、怖がりの私がそんな苦しみを味わうことのないように、神様が死に目に会えないよう配慮してくださったのだ。

私自身も、子どもたちにつらい思いをさせたくはない。病院で医者に囲まれながら、あっという間に息を引き取るのが理想だ。

ヒント 31

夫婦が別の墓に入ってもいい

東京都西部、緑に囲まれた多磨霊園に「神津家の墓」はある。夫は九人兄弟の末っ子なので、本家の墓の敷地内に墓を持つことになるだろう。

世間一般の考えに従えば、夫と妻は同じお墓に入るのが普通だ。私が亡くなれば遺骨は「神津家の墓」だけに納めるのが、順当なのかもしれない。

だが、私の場合、遺骨の行き先は他にもある。

愛知県豊橋市にある墓にも、私の遺骨を納めることになっているのだ。

父・中村正常の実家と、母は折り合いが悪かった。そんな母を慮《おもんぱか》った父は、母の故郷である豊橋に新しい墓を建てるように、生前に私に頼んでいた。この墓には、分骨された父の遺骨と、母の遺骨が納められている。

夫である神津さんの先祖の墓だけではなく、中村の父母の墓にも入る。といっても、神津家と私の関係が悪いということではない。

父が亡くなる直前、病院に見舞いに行った神津さんはこんなことを切り出したという。

「相談なんですが、メイコが亡くなったら、義父さんと義母さんの墓に入れてもらえませんか。女房がそちらの墓に入ったら、子どもたちもきっと墓参りに行くでしょうから」

なぜ神津さんはそんなことを父に提案したのか。

そもそも父は「メイコは私の最高傑作」と言って憚らないほど、私のことを大切にしてくれていた。にもかかわらず、神津さんが私の両親に結婚の許しを請うたとき、父は何ひとつ文句を言わずに許した。

そんな父に私を返してやりたい。病院のベッドで横たわっている私の父を見て、夫は思ったのだそうだ。男同士の約束だから、破るわけにはいかない。

私としても父と母と一緒の墓で眠れるのはうれしい。しかし本音をいえば、離婚されたみたいでなんとなく嫌だ。そこで、私の遺骨は豊橋にある父母の墓と、多磨霊園にある神津家の墓に分骨して納めることに決めた。

これで私は、夫とも、両親とも一緒の墓に入ることができて、めでたし、めでたし。「遺骨は一つの墓に納めなければならない」「妻の遺骨は夫の先祖の墓に入れるべき」といった常識から自由になってもいいのである。

ただし、墓というのは墓に入る本人よりも、残される家族にとって大きな問題になるということを忘れてはいけない。

故人の遺志で立派なお墓を作っても、それが辺鄙な場所であれば、子どもたちは年に一度も行くことはなくなるだろう。孫やその下の代などになったら、墓がどこにあるのかも分からなくなるかもしれない。

夫と私は墓に入るけれど、その後のことは子どもたちに任せるしかない。墓じまいをしたいというのなら、それも結構。「先祖の墓を守り続けろ」などと言う気はさらさらない。

習慣で続けているお墓参りも、無理にやらなくてもいいと思う。

美空ひばりさんの墓は横浜の日野公園墓地にある。それはそれは立派な墓で、ファンがひっきりなしに訪れるので、いつも花が絶えない。

彼女は昭和の大スターなのだから、それくらいの墓があって当然だろう。ただ私は、彼女の墓参りは一度も行ったことがない。

その代わりに毎年、命日には彼女が住んでいた青葉台のお宅に伺って、お線香をあげる。自宅のあちこちには彼女の写真が飾ってあって、毎日「お早う。今日もいい天気よ」などと話しかける。

散骨や樹木葬など、供養の形も多様化しているという。

でも大事なのは、石のお墓を守っていくことではないと思う。残された人たちが、それぞれのやり方で亡くなった人を思い出すことができれば、どんなやり方でもいいのではないだろうか。

ヒント 32

夫、妻、ふたりの最期に向かう日々

いつも頭の片隅には、晩年の父と母の後ろ姿がある。

私の父は聖人というわけではなかった。むしろあれほどわがままな人はいないだろう。

戦時中は「戦争に加担するのは嫌だ」と筆を折り、一行も書かなくなってしまった。信念を貫いたのは素晴らしいことだが、大変なのは母だった。洋裁の仕立てをしたり、喫茶店をやり始めたり、臨時の新聞記者をしたりと奮闘し、家計を支えていた。

私は自分に物心がついてようやくその大変さが分かったとき、父に対して怒りが湧いた。面と向かってこう言ったこともある。

「パパはずるい。筆を折るとかかっこいいことを言って、ただ怠けているだけじゃないか。ママがかわいそうだ」

「たいしたもんだね。小さい頃から女優をやってると。女代議士の役もできるぜ」

私の怒りも軽々と受け流した父は、戦後を迎えても小説を書くことはなく、机の上に置かれた原稿用紙は真っ白の状態が続いた。

しかしある日、その原稿用紙に何か書かれているのを発見した。

〈石は黙す〉

それは、娘から何を言われても自分のやり方を曲げないという、父からのメッセージだったのかもしれない。

そんな父を支え続けた母は本当にえらいと思う。自分が今いる環境に対して不平を言わず、その中でできる限りのことをした。小さい頃、私の洋服はいつも母の手作りだったし、乏しい食料を工夫して美味しい料理を用意してくれた。母の口癖は「貧乏でも、わがままを言わず、あるもので工面してお洒落にして、楽しく生きなさい」だった。

その横で父は家の中をふらふらしたり、ソフト帽などかぶりお洒落をして散歩に出たりと自由気ままに過ごしている。あとは暇さえあれば寝てばかりいた。子どもの私から見れば、我の強い父と苦労人の母が一緒にやっていけるのが不思議でならなかった。

しかし、今は分かる。母は母で、一行も小説を書かなかったとしても、小説家としての父を尊敬していたのだ。晩年も、ふたりでよく一緒に飲みに行っていた。

私はそんな父と母の血を受け継いでいる。

基本的な考えは「ケ・セラ・セラ」、人生はなるようになる。逆に言えば、なるようにしかならない。こうでなくてはならないという固定観念に縛られることなく、自由に生きてきた。これは母の血だろう。

一方で時流に流されることもなかった。周囲がどう言おうと自分は自分。そう貫き通すことができた。これは父の血だ。

柔軟なようでいて頑固。頑固なようで柔軟。こんな面倒な私と神津さんはよく六十年以上も夫婦でいてくれたと思う。

洋服の趣味から、食べ物、子どもの教育方針まで、私たちはぶつかり合うことがあまりなかったので、月並みな言い方だが、きっと相性がよかったのだろう。気がつけば銀婚式も、金婚式も過ぎている。

コロナの影響もあって、誕生日や結婚記念日にお洒落をして外食することができなくなったが、二人の記念日を大切にすることは続けている。今年の神津さんの誕生日は彼の好きなマグロのたたきを私が用意し、私の誕生日には彼がローストビーフを焼いてくれた。

新型のウイルスが広がったことで東京でお酒が飲めなくなったが、まさか私たちが生きている間にそんな日が来るとは思わなかった。でも、不思議な世の中を見ることができたからラッキーだったと思うことにしよう。

向こうの世界で話したら、きっとみんな驚いてくれるだろう。

ヒント 33

もう少しだけ、人生という「喜劇」は続きます

「女優・中村メイコの代表作は？」

この質問に答えられる人はおそらくいないのではないだろうか。なにせ本人ですらも、即答できないのだから。

二歳八ヵ月のときに、映画『江戸っ子健ちゃん』のフクちゃん役で出演して以来、ずっと芸能界で仕事をしてきた。最初の出演は私の意志ではなく、プロデューサーに頼まれた父が渋々承諾したという経緯だった。

それから八十年以上、芸能界に身を置いているが「代表作はない」と言わざるをえない。もちろん『お笑いオンステージ』などのバラエティー番組や、『篤姫』と

いったドラマにもたくさん出た。紅白歌合戦の紅組司会を三年連続で務めたことだってある。

でも、誰でも知っているような主役は意外と少ない。二十代前半から五十代後半までは、三人の子供の子育てや家事にも追われ、大きな役を受けられなかったという事情もある。

言い訳をしているわけではない。私はそういう人生を自分で選んだのだ。

読者の皆さんも、中村メイコの代表作は分からなくても、「『徹子の部屋』に出ていたな」「美空ひばりと仲がよかったはず」「いろいろな番組の司会をしていた」などなど、さまざまなイメージをお持ちなのではないだろうか。

女優としての明確な像は残すことはできなかったが、三人の子どもを育てながら芸能界で奮闘してきた中村メイコの姿を見せることができたのであれば、それで十分だ。

その子どもも、長女のカンナは還暦を超え、私自身は八十七歳、夫は八十九歳。まさかここまで長生きをするとは思わなかった。

最近はサインを頼まれたときに「私は公私ともに、喜劇で生きてきたつもりです」と書くようにしている。私のやってきた仕事も、そして家庭も、すべて喜劇だった。

もちろん客観的に見れば悲しいこともあった。だから「つもりです」と書いている。実際にどうだったかではなく、自分がどう考えるか。どんな「つもり」で人生を演じるのかが、いちばん大事なのだ。

死後の世界があるのか、正直私には分からない。「あなたは○○の生まれ変わりだ」という占い師もいるようだが、「なぜあなたに分かるのよ」と思ってしまう。

そうした考えは、この先に待ち受ける「死の恐怖」をやわらげてくれるのかもしれない。でも私は、死んだらそこで終わりだと思う。

女優が舞台を降りるように、そこで人生という芝居が終わる。その先のことは知らないし、知りようもない。

そんな難しいことは考えず、最後のその瞬間まで楽しく生きたい。先々を考えればどんどん不安になってしまう。だからこそ「こうあるべき」という考えを手放していこう。

今日も、ハッチとしじみとの会話から一日が始まった。

「キミたちとの付き合いも長くなったなあ。これからもよろしくね。握手しよう」

夫が起きてきて、いつものように朝食を作ってくれている。私は花瓶の水を一つ一つ替えながら、白いマーガレットに話しかける。

「今日もかわいいね」

目を閉じればいつでも、ひばりさんの笑顔が浮かんでくる。

「そっちの世界はどうですか？　どんどん賑やかになってるんじゃない？　田村正

和くんも逝っちゃって」

「メイコも早く来なさいよ。どんどんいい男が増えているわよ」

「こればっかりは神様のおぼしめしだからなあ。もうちょっと待っててね」

もう少しだけ、私の喜劇の日々は続きそうだ。

87歳になっても「人を笑わせたい」という
喜劇女優の精神を忘れない

苦手な〝あとがき〟です

〝あとがき〟は苦手です。

下手クソな私の〝つづりかた〟におしつけがましく……まだ〝ひとこと〟を書き足さないといけないなんて！

二歳八ヵ月をスタートに八十歳をいくつか過ぎるまで、「中村メイコ」というヒ、ト、は、なにやらフワフワとしゃぼん玉のように芸能界という、とても不思議な世界を生きてきた。

一生懸命だったのは、二十三歳から始めた主婦と、女の子二人に男の子一人の子育てである。でも、それを途中で投げ出さずに済んだのは、むしろ自然体でいることができる芸能界という場所から一度も足を洗わなかったから……だと思う。私にとって芸能界というトコロは、心安らぐ「ふるさと」みたいなものなのだ。

　しかしその「ふるさと」とも、ソロソロ「お別れ時」が来るのかもしれない。

もっともっと、私の好きな〝素敵な喜劇〟をやりたかったなァ……。

――とカッコよくシメようと思ったら、ちらりと、のぞき込んだ娘のカンナが一言。

「十分コメディでしたよ、お母さんの毎日は。ずいぶん笑ったョ、私たち」

　そのうしろから夫の神津さんまで……。

「今も毎日、なんだかんだと笑わせてもらってます」

　そうかなァ？　分かりましぇーん。

中村メイコ

中村メイコ（なかむら・めいこ）

本名は神津五月（こうづ・さつき）。一九三四（昭和九）年五月、作家・中村正常の長女として東京に生まれる。二歳八ヵ月のとき映画『江戸っ子健ちゃん』のフクちゃん役でデビュー。以後、女優として映画、テレビ、舞台等で幅広く活躍。一九五七（昭和三十二）年、作曲家・神津善行と結婚。カンナ、ハヅキ、善之介の一男二女をもうけ、「神津ファミリー」としても親しまれる。『87歳と85歳の夫婦　甘やかさない、ボケさせない』（共著、幻冬舎）など著書多数。

装丁：竹内雄二

イラスト：木下晋也

写真提供：講談社資料センター（P14、P54、P102上、P179）
朝日新聞社（P102下）
産業経済新聞社（P140）

大《だい》事《じ》なものから捨《す》てなさい
メイコ流《りゅう》　笑《わら》って死《し》ぬための33のヒント

二〇二一年七月三〇日第一刷発行
二〇二一年八月三〇日第二刷発行

著　者　中村《なかむら》メイコ　© Meiko Nakamura 2021

発行者　鈴木章一
発行所　株式会社講談社
東京都文京区音羽二丁目一二―二一　郵便番号一一二―八〇〇一
電　話　編集　〇三―五三九五―三四三八
販売　〇三―五三九五―四四一五
業務　〇三―五三九五―三六一五

印刷所　株式会社新藤慶昌堂
製本所　株式会社国宝社
定価はカバーに表示してあります。　Printed in Japan

KODANSHA

N.D.C. 914.6　182p　18cm
ISBN978-4-06-524877-5